SAINTS MILITAIRES

ET

SOLDATS FRANÇAIS

DEUXIÈME SÉRIE

LA FOI & L'HONNEUR

OUVRAGES DE LA MÊME SÉRIE

Grand in-8°, de 240 pages.

Saint Martin, par Dom Rabory, Bénédictin de l'Abbaye de Ligugé.

Histoire de l'Eglise, par Eugène de Margerie.

Saints Militaires et Soldats Français (1re Série), par Charles d'Hallencourt.

Saints Militaires et Soldats Français (2me Série), par Charles d'Hallencourt.

La Femme chrétienne au XIXe siècle, par Jean Laur.

    1re Série : *Mme Swetchine. — Sœur Rosalie. — Elisabeth Seton. — Rosa Ferrucci.*

La Femme chrétienne au XIXe siècle, par Jean Laur.

    2me Série : *Mme Barat. — Eugénie de Guérin. — Marie Eustelle. — Marie Jenna.*

Le Progrès par l'Eglise, **Inventions et Découvertes,** par Pierre Nemours.

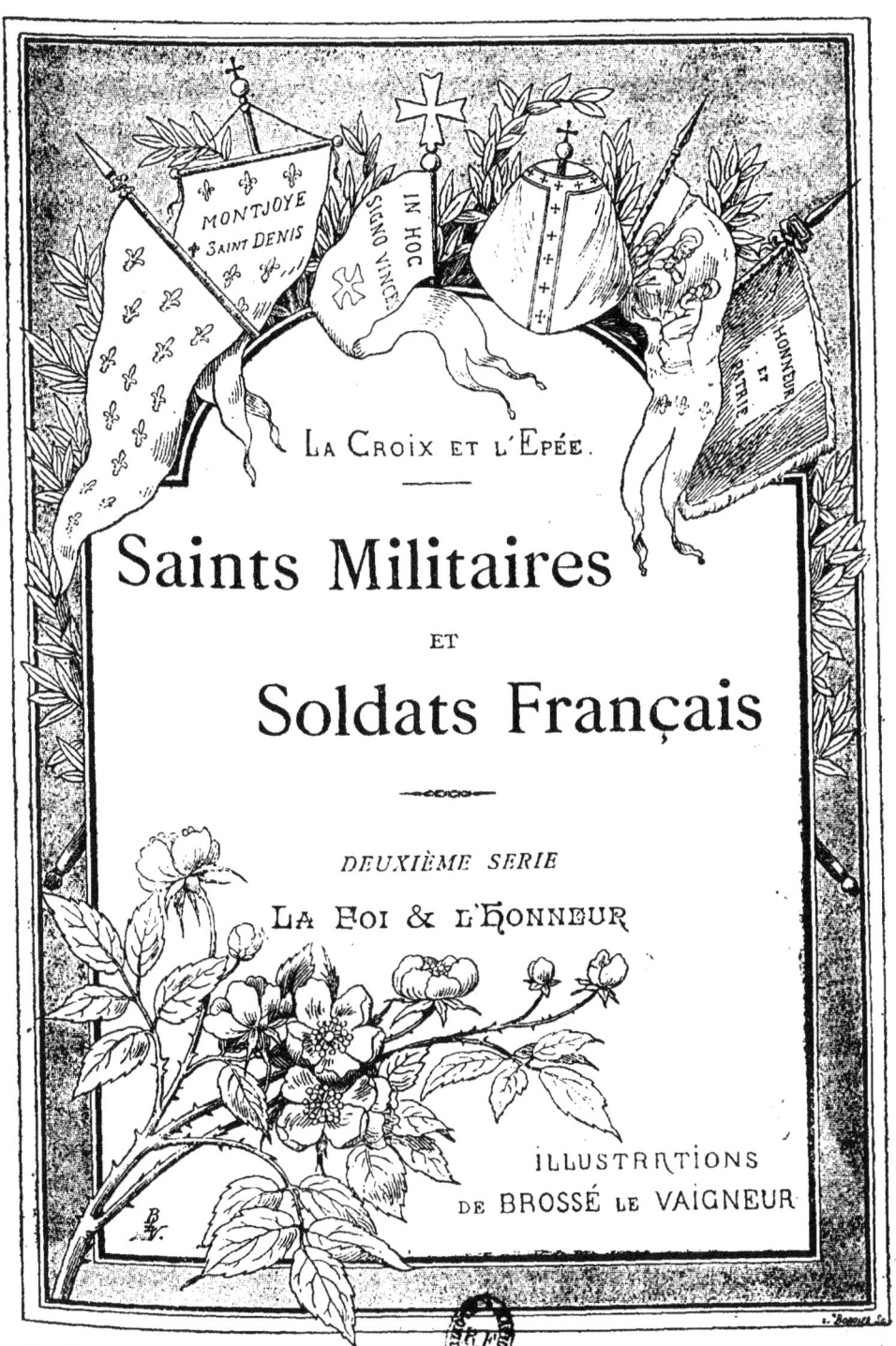

C. PAILLART   Imprimeur-Editeur   ABBEVILLE . SOMME.

SAINTS MILITAIRES

ET SOLDATS FRANÇAIS

Première Partie
L'ÉGLISE ET LE SOLDAT

CHAPITRE PREMIER

**Nouveau chapitre d'Histoire de France.
Le 17 Octobre 1893.**

C'est le 17 de ce mois qu'a été écrite la première page d'un nouveau chapitre de l'histoire de France, chapitre dont nul regard humain ne saurait encore apercevoir la conclusion, mais qui paraît devoir mettre un terme à nos angoisses patriotiques des vingt-trois dernières années. Le 17 octobre, la capitale du pays qui fut le royaume très chrétien, a reçu dans ses murs, avec une joie profonde, les hôtes providentiels que le divin Maître vient de nous envoyer (1).

La veille, c'était le centenaire de la mort de Marie-Antoinette, de cette reine infortunée immolée par la Révolution, et qui sur l'échafaud priait pour ses bourreaux. Dieu nous a épargné la douleur de voir l'allégresse

---

(1) Ainsi s'exprime l'un des organes les plus répandus de la presse.

nationale éclater à Paris sur le passage des Russes, nos alliés, en un jour marqué d'un pareil deuil.

Le Cœur de Jésus, *qui aime la France,* a d'infinies délicatesses, car le 17 octobre, c'était la fête de l'humble religieuse française qu'il a choisie pour être l'apôtre de son Sacré-Cœur, c'était la fête de la bienheureuse Marguerite-Marie. Il semble qu'en ce beau jour Notre-Seigneur ait voulu nous montrer qu'il regarde encore d'un œil miséricordieux cette France, fille aînée de son Eglise, qui, la première entre toutes les nations, a rendu publiquement hommage à son divin Cœur.

N'est-ce pas un indice de prochaine délivrance? N'est-ce pas un gage de salut?

C'est comme messagère de la Providence que la Russie nous arrive aujourd'hui.

Nous pouvons croire que c'est Dieu qui a fait cela. Et en même temps qu'il nous envoie le secours extérieur, il nous est permis de penser qu'il travaille aussi à nous préparer, malgré notre indignité, un meilleur avenir politique. Quand on se rappelle que le miracle, ou l'action directe de la Providence, entre pour une si grande part dans notre histoire nationale, il n'est rien qu'on ne puisse espérer de la miséricorde et de la puissance divines pour le relèvement de la France.

L'*Echo de l'Armée* à son tour écrit noblement :

... De tous les points des plus extrêmes frontières de la France, du sein de toutes ses villes et du fond de ses campagnes, une voix a retenti qui a porté, jusqu'aux dernières limites du monde habité, ce cri unanime: *Vive la Russie!* et, dans son premier port de guerre, ses enfants ont reçu la flotte russe avec un enthousiasme et un élan d'affection dont on n'a presque jamais vu d'exemple dans l'histoire. Tout ce que le génie de l'homme peut inventer de plus éblouissant, tout ce que les inspirations du cœur peuvent imaginer de plus éloquent, a été réalisé pour exprimer à ces nobles envoyés du Tsar les sentiments dont la France est animée.

L'air, la terre et la mer vibraient sous les acclamations, et l'on a vu des amiraux, secoués par l'émotion, ne pouvoir retenir les larmes qui tombaient de leurs yeux, de leurs yeux habitués à affronter, d'un regard impassible, les tempêtes de l'Océan.

Et ce ne sont pas seulement les innombrables témoins de ce débarquement, impossible à peindre ou à décrire, qui ont été saisis par cette commotion électrique. La France l'a ressentie jusque dans ses colonies les plus lointaines, qui ont chargé le télégraphe de leurs plus chaleureux vivats, jusque dans ses plus humbles villages qui ont pavoisé leurs chaumières, jusque dans ses plus pauvres églises qui ont entonné le *Te Deum* et sonné leurs cloches à toute volée.

Et ce qu'il y a de plus saisissant dans ce saisissant spectacle, c'est que ces millions de Français qui se lèvent et s'élancent pour souhaiter la bienvenue à quelques centaines de Russes sont, se disent ou se croient tous des souverains, tandis que ces vaillants russes sont tous et s'honorent de se dire les fidèles sujets d'un prince.

Et, chose plus étonnante encore ! à l'heure où ceux qui s'intitulent les représentants de la France défendent à nos soldats d'entrer en uniforme dans une église, et aux instituteurs de nos enfants de prononcer le nom de Dieu dans leurs écoles, la France couvre de fleurs et porte en triomphe des officiers et des marins qui, matin et soir, s'agenouillent publiquement devant le Maître des peuples et des rois, comme nos soldats et nos officiers le faisaient au temps et au camp de saint Louis.

Il y a là assurément un grave problème que nous n'avons pas à approfondir ici, et que l'avenir ne tardera pas à résoudre, soit pacifiquement, soit tragiquement, en rappelant à tous ceux qui l'ont oublié : qu'on peut garder, intacte et fière sa dignité d'homme, en obéissant à un empereur, à un roi, à un président de République, à un juge de paix ou à un caporal ; mais que, si l'on obéit à un homme, quel qu'il soit, qui n'est pas hiérarchiquement le délégué d'une autorité suprême, on n'est qu'un esclave.

Aujourd'hui, nous avons à constater un fait historique qui éclate à tous les yeux, c'est que, après de longues années de silence, l'âme chrétienne de la patrie nous est apparue et nous a parlé, à une heure solennelle.

Ulric de CIVRY.

Un écrivain français, qui porte l'épée, a publié dans les feuilles catholiques des pages vibrantes de patriotisme, à propos de ce *Te Deum* solennellement chanté par l'initiative personnelle du Cardinal-archevêque de Paris, dans la basilique du *Vœu national* à Montmartre.

VIVAT !

« Vive la Russie, vive le Tsar, vive la France ! » — Et pourquoi pas : « Vive Dieu ! »

Du sud au nord, de l'est à l'ouest, dans les villages ainsi que dans les villes, d'enthousiastes acclamations s'élèvent de mille poitrines : le canon tonne : les arcs de verdure, les pavois et les fêtes semblent célébrer quelque triomphal retour.

On dirait, à tant d'allégresse, d'une conquête inouïe, comme celle d'un monde.

C'est que la France, en effet, a reconquis sa place : c'est qu'elle en est fière et qu'elle en est heureuse, et qu'elle traite aujourd'hui royalement ses illustres alliés.

Quand, avec une lente majesté et tout fumants de poudre, les grands vaisseaux sont entrés dans notre port ; quand Paris enfin, la tête et le cœur, a frémi au contact de la Russie même, n'avez-vous pas senti les larmes vous monter aux yeux, et vibrer en vous l'âme de la France ?

N'avez-vous pas eu, si vous croyez en Dieu, l'impérieux désir de vous mettre à genoux et d'élever vers lui vos cœurs ?

N'avez-vous pas pensé qu'il serait beau de voir, suivant un noble exemple, la France monter, reconnaissante, au temple du Sacré-Cœur — ou, tout au moins, qu'il serait digne et juste, puisque hélas ! des ordres officiels se feront longtemps attendre, que le clergé de France, le premier du monde, ne reste point à l'écart de ce grand mouvement et joigne aux souscriptions publiques le riche présent de ses prières et de ses sacrifices solennels ?

Rappelez-vous, au retour des vainqueurs antiques, la splendeur des fêtes religieuses, et l'encens, et le sang des victimes et les autels enguirlandés de fleurs.

Et que le peuple tout entier se lève, sinon tous, du moins beaucoup et suive ses prêtres !

Jusques à quand, mes frères catholiques, serez-vous hésitants et comme engourdis de sommeil ? — Voici bien l'heure de montrer qui vous êtes !

Te Deum ! Te Deum !!... — Oh ! oui : c'est bien à Vous, ô Sacré-Cœur de Jésus, c'est bien à Vous que nous devons la résurrection de notre chère patrie !

Vous l'aimez donc bien, votre Fille aînée, que vous prenez le soin de ses intérêts, même temporels, et que l'on dirait que vous la voulez, pour de nouvelles et mystérieuses destinées, puissante et pacifique entre toutes les nations !

Vous avez donc bien voulu tenir vos promesses d'il y a

deux siècles : que — « si on élevait le temple national ardemment souhaité par votre cœur, la France s'en ressentirait et ses armes deviendraient victorieuses. »

Vous avez donc bien voulu vous en souvenir, puisque Cronstadt eut lieu aussitôt la consécration de Montmartre, en juillet 1891 ; et que la France déjà plus unie à l'intérieur, semble grandir au dehors et se relever, à mesure que votre Temple monte dans les airs, dominant la capitale et la France et le monde.

Qui n'en serait frappé ? et qui n'a remarqué la coïncidence, ainsi que la nature providentielle de ce secours imprévu ?

Pendant vingt ans, de 1870 à 1891, nous étions restés un contre dix, supportant seuls l'effort colossal et incessant de l'Europe liguée contre nous : « Oui, disaient les nations qui veulent la guerre, la France est désormais seule et abandonnée et méprisée de tous : qui voudrait s'allier à elle ? Bien mieux, qui ne viendra bientôt partager avec nous ses riches dépouilles et ses débris pantelants ? »

Vous rappelez-vous le départ inaperçu de notre flotte changé soudain en marche triomphale, notre étonnement et notre joie à tous, et l'envieuse stupéfaction de l'Europe ?

Jésus veillait sur sa Fille : il prenait en pitié ses peines, son énergie, son délaissement, et, roi du monde, d'un simple geste de sa droite, rétablissait l'équilibre rompu.

Cela vaut bien un *Te Deum !* et les Russes l'ont bien compris.

Te Deum ! la Religion n'est point une ombre : elle est au peuple ; elle sèche ses pleurs, elle sourit à ses joies, elle marche, elle agit, elle vit.

Te Deum ! nous irons, le front haut, nous, les Français, nous, les Catholiques, nous irons dans nos églises, humbles chapelles ou fières cathédrales, chanter aussi nos actions de grâces : Afin que les Schismatiques et les Païens ne nous fassent point rougir de notre ingratitude.

Te Deum! Dieu des armées, nous vous louons! Saint, trois fois Saint, nous vous bénissons!

Que nos prières montent vers Vous : que nos hymnes s'élèvent comme un encens, et que la France, reconnaissante de tout ce que Vous daignez faire pour elle, ô mon Dieu, relevée, guérie, puisse sans crainte envisager l'avenir, en disant, à genoux, les mains jointes : *In te Domine, speravi; non confundar in æternum!*

C'est en vous, Seigneur, que j'ai mis mon espérance ; ma confusion ne sera pas éternelle !

Vive Dieu !

CHRISTIAN.

CHAPITRE II

La Trève de Dieu. — La Chevalerie.

Non, « la religion n'est point une ombre ; » elle est une réalité toujours vivante; partout elle a enfanté, elle enfante des prodiges; partout, dit Balmès, « elle convertit ses idées en institutions. »

C'est ce que l'histoire entière nous apprend; c'est en particulier dans l'histoire militaire des peuples, que l'action de la religion se montre admirable et maternelle :

Forcée de tolérer la guerre, l'Eglise a organisé contre elle toute une série d'obstacles superbes et souvent victorieux : la paix, la trève de Dieu et la chevalerie.

I

Une des plus épouvantables famines dont l'histoire ait gardé le souvenir, avait désolé l'Europe au xie siècle ; mais aucune contrée n'était plus durement frappée que la France. Malgré le dévouement de la charité, les vivants ne suffisaient pas à enterrer les morts ; sur la route de Saint-Denis à Paris même, les voyageurs tombaient épuisés ; on en vint à déterrer les cadavres pour se nourrir, et les corps laissés sans sépulture attiraient les bêtes fauves jusqu'aux habitations dépeuplées. Aux trois années de disette, succédait enfin l'abondance.

Les peuples chrétiens comprirent que les crimes et les guerres en particulier, avaient attiré la colère de Dieu; ceux même qui ne connaissaient jusque-là comme justice que la vengeance, réclamèrent la puissante intervention de l'Eglise pour la pacification générale. Les évêques réunis en conciles nombreux, publièrent des règlements dont le but était de conserver une paix inviolable, de rendre un plus grand respect aux lieux sacrés, de reconnaître aux églises le droit d'asile, excepté pour celui qui violerait l'engagement de cette paix, qu'on a nommée la *paix de Dieu*.

Mais la guerre privée, moyen de vengeance ou de répression particulière, était trop entrée dans les mœurs pour cesser tout à coup. Comme aucun pouvoir ne prenait souci de rendre justice, la voie des armes devenait une sorte d'administration de la justice. Aussi l'Eglise ne tarda pas à reconnaître que, ne pouvant empêcher les guerres, il fallait donner à ceux qui n'avaient pas d'autre moyen de défense, les lois de l'honneur, de l'humanité et de la compassion. Dans chaque assemblée, la *trève de Dieu* dont quelques traits particuliers modifiaient la loi générale, parvint à s'établir. Le principe commun, fut de limiter le droit de la guerre à un certain nombre de jours par semaine; d'interdire sous peine d'excommunication, même pendant les guerres, toute action contraire au droit des gens et à l'humanité; enfin de placer certaines personnes et certains lieux, sous la garantie d'une neutralité perpétuelle. Depuis le mercredi soir jusqu'au lundi matin, toute effusion de sang, toute attaque, toute préparation à la guerre étaient absolument défendues : voilà pour la *limite du temps*.

L'agriculteur, le paysan ou le citoyen désarmés, les moissons et les meules de fourrage, le bétail, les plantations devaient être respectés : voilà pour l'humanité.

Les clercs, les religieux et religieuses, les cimetières et les églises étaient sacrés et inviolables, à moins que les clercs ne portassent des armes, et que les églises fortifiées ne servissent de refuge à des guerriers contempteurs de la loi.

M. de Sismondi, l'un des historiens les plus hostiles à la religion, avoue cependant « que l'on doit considérer cette législation comme la plus glorieuse entreprise du clergé, celle qui contribua le plus à adoucir les mœurs, à développer les sentiments de commisération entre les hommes, sans nuire à ceux de la bravoure ; à donner une base raisonnable au point d'honneur ; à faire jouir les peuples d'autant de paix et de bonheur qu'en pouvait admettre alors l'état de la société ; à multiplier enfin la population, de manière à pouvoir bientôt fournir aux prodigieuses émigrations des croisades. »

II

L'institution de la chevalerie est plus efficace encore.

« La chevalerie, c'est la forme chrétienne de la condition militaire. Le *chevalier,* c'est le *soldat chrétien.* »

A cette définition si belle et si vraie, plus d'un homme de nos jours viendra relever les abus de la noble chevalerie, en exagérer les défauts... Eh ! quelle est donc l'institution humaine qui est exempte de défauts, qui ne connaît pas les abus ? Examinez et osez répondre !...

« L'humanité, quoi qu'on fasse, dit M. Léon Gautier (1),

---

(1) Nous nous faisons un honneur d'avoir écrit ce chapitre sous le charme bien légitime du magnifique ouvrage *La Chevalerie* par M. Léon Gautier.

ne pourra jamais se passer de certains *excès* de courage et de bravoure. » Noble parole d'une âme grandie par la foi ! Puisse notre vaillante armée ne connaître jamais d'autres *excès*.

« Malheur aux tièdes, écrivait le prince de Ligne,... il faut faire trois fois plus que son devoir pour le faire passablement. »

Nous parlerons donc de cette chevalerie et de ces chevaliers qui sont une de nos gloires nationales.

L'Eglise, qui hait la guerre, l'a-t-elle donc approuvée, elle qui revêt le guerrier des armes bénites, et qui le consacre pour la bataille ? Saint Augustin répond : « L'Eglise veut la paix, mais elle subit la guerre. » Contrainte d'en constater l'existence et parfois la nécessité, elle y reconnaît ce triple caractère d'être à la fois *un juste châtiment, une expiation utile, une préparation providentielle.* »

L'Eglise tolère la guerre, mais n'autorise que les guerres justes ; c'est-à-dire celles qui sont ordonnées par l'autorité du prince, pour une cause juste, et dans une intention droite. Or l'intention droite consiste à faire la guerre pour éviter le mal, pour avancer le bien.

La guerre étant inévitable, il convient d'aider ceux qui la doivent faire à la faire chrétiennement. Un saint diacre de Carthage, au vi° siècle, écrit à un général chrétien : « Aime la chose publique comme toi-même, et que ta vie soit comme un miroir où tes soldats voient clairement leurs devoirs. »

« Quand ils sont vainqueurs, ces champions d'une cause juste, je dis qu'il faut se féliciter de leur victoire et de la paix si désirable qui en est la suite ; je dis qu'il y faut voir un don de Dieu. »

A la nation la plus virile et la plus militaire de son temps, aux Francs, saint Léon IV adresse contre les ennemis de la foi chrétienne ces paroles vibrantes :

« Pas de crainte et pensez à vos pères. Quel que fût le nombre de leurs ennemis, ces vaillants ont toujours été vainqueurs, » et le pape ajoute : « A celui qui mourra en de telles batailles, Dieu ne fermera pas les portes du Ciel. »

... Le jour se lèvera où des ordres nouveaux, à la fois religieux et militaires, vont unir ces deux grandes forces, *la prière* et *l'action*; or à qui demande-t-on des conseils pour la direction du plus célèbre de ces ordres? à un moine, à un cénobite, à un saint qui mériterait d'imposer son nom à son siècle, et s'appelle saint Bernard. Le grand moine se met à l'œuvre, il écrit aux chevaliers du Temple : « Quel est le véritable but de la guerre? protéger l'Eglise, combattre la perfidie, faire respecter les ministres de Dieu, repousser ceux qui injurient les faibles, pacifier le pays, répandre son sang pour ses frères, et, s'il le faut, donner sa vie pour eux. »

Dieu fait souvent tourner ce mal de la guerre au triomphe du bien : « Durant les siècles de fer (1), l'Eglise n'a pu et n'a dû condamner que les guerres intestines et les guerres privées. Pouvait-elle, devait-elle empêcher Clovis de fonder, par ses luttes héroïques contre les Alamans et les Goths, cette grande unité franke qui allait être si favorable à la grande unité chrétienne?

« Pouvait-elle, devait-elle retenir Charles Martel, lorsqu'il courait à Poitiers pour y préserver, non seulement la France, mais tout l'Occident chrétien, de la barbarie orientale?

« Pouvait-elle, devait-elle amortir l'ardeur de ce Pépin, qui prépara si énergiquement toute l'œuvre de son fils; et fallait-il qu'elle l'arrêtât sur le chemin de l'Italie, où il

---

(1) *La Chevalerie*, Léon GAUTIER.

La Chevalerie.

allait donner au trône de saint Pierre cette solidité temporelle dont il avait besoin ?

« Pouvait-elle, devait-elle lier les deux bras puissants de ce Charlemagne qui, d'une main, rejetait les Musulmans sur l'Ebre, et, de l'autre, étouffait le paganisme germain ?

« Pouvait-elle, devait-elle devant l'incessante menace d'une invasion de l'Islam, professer la doctrine insensée de ces albigeois qui déclarèrent plus tard qu'il fallait considérer « comme des homicides » tous les prédicateurs de la croisade contre les Sarrasins ?

« N'est-il pas vrai que, sans toutes ces guerres que l'Eglise a favorisées, nous serions aujourd'hui musulmans, païens, barbares ? N'est-il pas vrai que, sans elles, c'en était fait humainement de l'Eglise ? N'est-il pas vrai que, sans elles, la France n'aurait même pas eu la liberté de conquérir son existence ?

« Ne pouvant empêcher la guerre, l'Eglise a christianisé le soldat. »

Mais cette grande œuvre a été l'œuvre des siècles ; il a fallu neuf cents ans à l'Eglise, qui garde cette loi inviolable : *Rien ne s'improvise.*

Dans notre temps, par de brusques changements qui sont loin d'être des réformes, on efface d'un trait de plume l'œuvre du passé, on se figure pouvoir créer de même un esprit nouveau... Ne parvenant pas à rien établir ainsi, on emploie la force, la force physique, même la force morale... Mais bientôt tout change de nouveau et s'écroule ; car, « pour que les choses nouvelles durent, il faut qu'elles s'appuient sur les choses passées. » (Joubert.)

III

Saint Augustin avait écrit : « L'homme doit mettre de l'ordre dans ses amours. » L'Eglise dit au guerrier barbare : « Réglez votre courage. » Le guerrier chrétien a obéi et la violence sauvage est devenue la *prouesse*.

« En la fin l'on connaît l'ouvrier, en la prouesse le chevalier, » disait le proverbe. A la prouesse, première vertu du chevalier, devaient s'ajouter la loyauté, la largesse, la modération, la courtoisie et enfin l'honneur ; telles sont les six vertus du vrai chevalier.

Lorsque les chevaliers assistaient à la messe, ils devaient à l'Evangile saisir « leur noble épée, comme pour prêter serment et dire à Dieu : « S'il faut défendre l'Evangile, nous serons là. » — Sublime promesse, toujours comprise des guerriers de la foi, et que la *Vendéenne,* hymne national de cette héroïque province, a reproduite dans son refrain :

« S'il faut mourir pour ta querelle,
« Nous serons là. »

Tout chevalier devait avoir le baptême et la vraie foi pour se battre et mourir en la présence de Dieu, « qu'ils sentaient, comme on dit, derrière le rideau. » Avant le combat, les auteurs leur prêtent un langage analogue à celui-ci : « Dieu nous aima tant qu'il nous a donné son nom, et nous allons lui donner notre vie. » Ou bien encore, prêt à courir sus à l'ennemi, le chevalier lève le regard au ciel, en disant : « Pensez à nos âmes, ô mon

Dieu, et réunissez-les là-haut. Quant à nos corps, il en sera ce que vous voudrez. »

« Ecoutez ma chanson, dit à son tour l'un des poètes-chevaliers, vous y apprendrez comment on doit se *peiner ici bas* pour accomplir la loi de Dieu, cette loi à laquelle obéissent tous les hommes de bien. » Aussi n'est-il pas étonnant que les ordres religieux militaires soient partout appelés la *chevalerie de Dieu*. « C'est pour Dieu que vous supportez tant de douleurs, dit la *Chanson* aux guerriers chrétiens. Oui, vous êtes vraiment les *hommes de Dieu*, et votre récompense est au Paradis. »

Que si le feu grégeois menace de détruire l'armée, l'évêque s'écrie : « Courage, soldats du Christ, c'est Dieu qui permet ces épreuves; mais sachez que le jour où il le voudra vous serez dans Jérusalem. »

« Aie fiance en Dieu, » — « Tout est en Dieu, » — « Si je suis pauvre, Dieu a assez, » tels sont les cris des chevaliers.

Les soldats chrétiens doivent *prier,* c'est une des lois de leurs statuts ; « sous tous les cieux, dans tous les siècles, les hommes vraiment épiques ont levé les yeux en haut, et attendu de là le secours qui doit donner la victoire à leur courage insuffisant, à leur force imparfaite. *Nos héros français n'y manquent jamais.* La meilleure prière, dit un poète, est celle qui « met le cœur à la bouche, » telle doit être, telle est celle de nos soldats. » Le recours filial à la Très Sainte Vierge, l'invocation de son nom se retrouvent à chaque page de l'histoire des guerriers.

La prière publique est nécessaire ; si la sévère grandeur d'une messe militaire est pleine d'émotion, combien devaient être plus solennelles ces messes chantées par toute une armée chrétienne, par des soldats qui, bardés de fer, revêtus des armures anciennes, s'approchent par milliers de la sainte Table au matin d'une bataille contre les infidèles, au matin de Vouillé par exemple, et s'élancent sur l'ennemi *au nom de Dieu !* Ils savent mourir comme ils le doivent, *dans la foi et pour la foi,* répétant jusqu'au dernier soupir : « Pour l'amour de Dieu et de sainte Marie, ne vous rendez pas, et laissez-moi mourir (1). »

La chevalerie chrétienne était la consécration religieuse du noble guerrier à la défense de l'Eglise et des pauvres. Le noble qui voulait recevoir l'investiture et comme l'*ordination militaire,* présentait à la bénédiction de l'évêque son épée et ses éperons. Le *Pontifical* (2), dans le chapitre qui traite de la *bénédiction d'un nouveau militaire,* contient ces sublimes invocations :

« Seigneur très saint, Père tout puissant, Dieu éternel, qui seul ordonnez et disposez toutes choses avec bonté ; qui, pour réprimer le mal et protéger la justice, avez, par une disposition salutaire, permis l'usage du glaive aux hommes sur la terre, et voulu l'institution de l'ordre militaire pour la protection du peuple ; qui, par le bienheureux Jean, avez fait dire aux soldats qui venaient le consulter au désert, de ne vexer personne et de se contenter de leur solde, nous supplions, Seigneur, votre clémence : comme vous avez donné à votre serviteur David de vaincre Goliath, et à Judas Machabée de triompher des nations qui ne vous invoquaient pas, de même accordez à votre serviteur, ici présent, qui vient courber la tête devant vous sous le joug de la milice, la

---

(1) Sublime parole qui fut la dernière d'Aimery de Narbonne, cruellement torturé, malgré ses cent ans, et brûlé vif par les Sarrasins, devant les troupes chrétiennes, pour les engager à capituler.

(2) Livre liturgique qui renferme les prières et les cérémonies réservées aux évêques.

force et l'audace pour la défense de la foi et de la justice ; accordez-lui un accroissement de foi, d'espérance et de charité ; donnez-lui tout ensemble votre crainte et votre amour ;... disposez en lui si bien toutes choses que, avec son épée, il ne blesse personne injustement, mais qu'il s'en serve pour défendre la justice... »

Puis, remettant l'épée au chevalier, l'évêque continuait : « Recevez ce glaive, au nom du Père et du Fils et du Saint-Esprit, servez-vous en pour votre défense, pour celle de l'Eglise de Dieu et de la foi chrétienne. »

Le nouvel élu, après avoir tiré son épée vers le ciel, la remettait au fourreau ; il recevait de l'évêque le baiser et le vœu de la *paix,* puis sur l'épaule trois légers coups de son arme accompagnés de cette prière : « Sois un guerrier pacifique, vaillant, fidèle et dévoué. »

Après cette cérémonie, le chevalier recevait des anciens les éperons dorés ; enfin il revêtait une tunique blanche, symbole de pureté, une robe de pourpre, image de son dévouement jusqu'à la mort à Dieu et à la justice ; une saie noire devait lui rappeler la fin, toujours imprévue, de la vie mortelle.

La chevalerie ne se conférait qu'aux nobles ; les jeunes enfants s'y préparaient dans les châteaux et les cours (d'où est venu le mot de *courtoisie*) et par une sorte de noviciat plus ou moins long, suivant les dispositions que montrait le candidat pour les armes, mais surtout pour la vaillance et pour une foi solide.

L'épée, bénite solennellement par l'évêque, était donc remise au chevalier « pour la défense de l'Eglise et pour la confusion de ses ennemis. » Car le service du guerrier a été, il sera toujours aux yeux de la religion *la Force armée mise au service de la Vérité.*

Dans l'économie providentielle du plan divin, le religieux doit *prier* Dieu pour la patrie, et le soldat doit la *protéger;* religieux et soldat, clergé et armée sont les remparts de la société comme du travail et du bon commerce, en un mot les protecteurs de toutes les faiblesses. Aussi les imagiers de nos âges de foi, se sont plu souvent à représenter un prêtre, un soldat et un laboureur qui se donnent la main en disant :

« Je prie pour la France ; je la défends ; je la nourris. »

Se peut-il une plus douce, une plus noble image ?

« Ordinairement, quand il n'allait qu'en voyage ou en promenade, le chevalier montait un cheval d'allure commode qu'on nommait *palefroi ;* mais quand il allait en guerre, un écuyer conduisait par la bride son cheval de bataille ou *grand cheval* (à taille élevée) et le chevalier ne se mettait en selle qu'au moment de combattre. De là, l'expression *monter sur ses grands chevaux* qui est restée au figuré dans le langage usuel. »

« A tous les cœurs bien nés que la *Patrie* est chère, » dit notre poète. Cette parole est vraie surtout depuis le christianisme ; elle en édicte une des lois : *l'amour de la Patrie.* Donc, *la France est aimée depuis quatorze siècles,* c'est-à-dire depuis qu'elle est chrétienne (1).

La patrie qu'aimait Clovis, celle qu'aimait Charlemagne, celle qui devait nous donner saint Louis et Jeanne d'Arc, a mis de longs siècles à devenir ce qu'elle fut au grand siècle ; mais aux battements de son cœur, comme aux actions glorieuses de ses mains, nous sentons qu'elle existe, et qu'elle est aimée depuis plus de mille ans !

(1) Ainsi rien de plus antipatriotique que l'indigne système de l'orateur révolutionnaire, prétendant qu'en France, avant 1789, il n'y avait ni gouvernement, ni unité, ni industrie, ni art, ni lumière, ni vie !

Et cette France, cette grande patrie, c'est « ce vaste et noble pays (1) que nos poètes louent sans cesse au détriment des Lombards (c'est-à-dire des Italiens) et des Tiois (c'est-à-dire des Allemands) comme pour bien marquer les limites exactes de notre nationalité, et la séparer nettement des deux grands pays avec lesquels on aurait pu la confondre.

« C'est cette terre incomparable qui est belle au regard autant que plaisante au cœur. C'est cette terre charmante qui abonde en bois, en rivières et en prés, en pucelles et en belles dames, en bons vins et en chevaliers redoutés. C'est cette douce contrée où tous les habitants ont le cœur sur la main : car France est un pays ès quel on doit trouver « honneur et loyauté et tout bien savourer. »

« C'est ce peuple qu'il ne faut pas confondre avec les peuples médiocres, et qui a eu pendant plusieurs siècles l'incontestable honneur d'être confondu avec la race chrétienne elle-même dans tout le monde où le mot *Franc* est glorieusement synonyme du mot *Chrétien !* »

« ... La première de toutes les couronnes est celle de France, ajoute le poète, et le premier roi de France fut couronné par les anges en chantant : « Tu seras, lui dit « Dieu, mon *sergent* sur la terre, et tu y feras triompher « la Justice et la Foi. » C'est avec cette belle fierté que nos pères parlaient de leur pays, qui est le nôtre... Ces vers excitaient des applaudissements frénétiques... C'était une sorte de chant national auquel il a manqué seulement une mélodie entraînante et populaire :

> Quand le doux vent vient à souffler
> Du côté de mon pays,
> M'est avis que je sens
> Une odeur de Paradis.

quel noble chant mis en parallèle avec *la Marseillaise !*

(1) Poèmes et chroniques.

C'est par de tels et nombreux vers que les troubadours chantaient la France.

« ... Beau peuple en vérité... il a le courage spirituel et l'esprit courageux ; mais surtout il possède l'élan, qui est la première de toutes les qualités militaires... »

IV

« Dieu a donné pour mission à la nation française de sauver, en toutes les attaques extraordinaires, les destinées de la Vérité sur la terre.

« C'est la France qui, par Clovis, a mis le pied sur l'arianisme et l'a étouffé ; c'est la France qui, par Charles-Martel, a chassé loin de nous le danger toujours croissant des invasions musulmanes ; c'est la France qui, par Charlemagne, a délivré l'Europe et la chrétienté des redoutables excès de la barbarie germaine ; c'est la France qui, par Godefroi de Bouillon, par saint Louis, par les croisades, a décidément fait présent à l'Occident chrétien d'une sécurité que l'Orient menaçait.

« C'est pourquoi les papes du moyen âge n'ont pas craint de faire à haute voix, devant toutes les autres nations, l'éloge de la nation française. C'est pourquoi le pape Grégoire IX n'a pas hésité à s'écrier dans un magnifique langage :

« Le Fils de Dieu, aux ordres duquel tout l'univers est soumis et à qui obéissent les bataillons de l'armée céleste, a établi ici-bas, comme un signe de la puissance divine, un certain nombre de royaumes, divers par leurs peuples et divers par leurs langages. Et de même qu'autrefois la tribu de Juda reçut d'en haut une bénédiction toute spéciale parmi les autres fils du patriarche Jacob, de même le royaume de France est au-dessus de tous les autres peuples, couronné par la main de Dieu lui-même de prérogatives et de grâces extraordinaires (1). »

Entre les vertus du chevalier, celle qui doit surtout le distinguer est la libéralité ou, selon le langage du temps, la *largesse,* mot français autant que chrétien. « Ne soyez pas avare en vos dépenses, disait Charlemagne, et que pas un denier ne reste en vos trésors. Donnez mon bien tout le premier et distribuez-le surtout aux pauvres guerriers... Enfin, tant en donnez, aux grands comme aux menus, que tous s'en aillent de joie revêtus. »

Il y a loin de cette sublime largesse chrétienne aux agissements des parvenus de nos jours, à leur façon d'user de leurs trésors !... Elle était libérale et généreuse, cette reine dont le poète a dit : « Donner, voilà ses tours et ses créneaux. » Combien cet éloge, qui peut être politique, est assurément chrétien. Oh ! la bonne politique que celle qui met l'autorité sous la garde de l'aumône !

On a beaucoup crié contre les abus nés de la chevalerie. Les meilleures institutions, par cela seul qu'elles sont faites pour l'humanité, sont sujettes, nous l'avons dit, à toutes les vicissitudes terrestres ; « rien de plus malaisé que d'atteindre au sublime, rien de plus facile que de le parodier. »

Le duel judiciaire venu des Germains, « race violente, » a été le plus grand abus de la bravoure ; peu à peu la paix et la richesse engendrèrent la décadence de la chevalerie et même des ordres religieux militaires ; la manie de *parodier* toutes choses, la passion de la caricature tra-

---

(1) Bulle de Grégoire IX, 1239.

duites surtout par le roman de *Don Quichotte* détruisirent dans l'esprit des peuples la noble chevalerie ; mais à ce moment, l'islam vaincu rendait surannée cette grande institution. Tout le temps qu'elle a existé, la religion veillait à réprimer les abus des chevaliers, à punir les coupables.

Qu'on en juge par les peines infligées aux indignes : le traître, accusé de lâcheté ou de quelque grand crime, comparaissait devant vingt ou trente chevaliers réputés sans reproche. Condamné par eux, après l'audition des témoins, il devait subir « la *dégradation* de l'honneur de chevalerie et de noblesse. »

Armé de toutes pièces, le coupable était conduit sur l'échafaud et dépouillé lentement de ses armes, pendant que les prêtres chantaient les psaumes de la Pénitence avec l'office des Morts. Le casque du chevalier félon lui était d'abord enlevé, puis le collier, la cotte d'armes, les gantelets, le baudrier, la ceinture, l'épée, enfin l'écu de ses armes que l'on brisait à coups de marteau.

Comme la veille de l'investiture, le chevalier entrait dans un bain pour signifier la pureté de son corps, et passait la nuit dans l'église pour achever de purifier son âme, le traître était arrosé d'un bain d'eau chaude et conduit, la corde au cou, jusqu'à l'église. Là, couché sur une claie et couvert d'un drap mortuaire, il entendait psalmodier autour de lui les prières pour les trépassés. S'il devait mourir, il était ensuite livré au bourreau ; s'il avait grâce de la vie, il était banni pour toujours ou pour un temps marqué.

Que si le chevalier avait reculé ou trahi au champ de bataille, la dégradation, plus sommaire, n'en était pas moins terrible, car les descendants du chevalier félon étaient déclarés *indignes de porter les armes*.

Qui donc, dans notre France, consentirait à se reconnaître *indigne de porter les armes ?* Nous sommes la nation chevaleresque. Or dirons-nous encore avec notre auteur, « il y a plus d'une sorte de chevalerie, et les grands coups de lance ne sont pas de rigueur ; mais tout soldat chrétien doit être un chevalier ! Tout chrétien doit combattre le mal par le bien : à défaut d'épée, nous avons la plume ; à défaut de plume, la parole ; à défaut de parole, l'honneur et la foi de notre vie. »

CHAPITRE III

Ordres religieux militaires.

I

Le catholicisme devait encore réaliser une plus grande pensée (celle de la délivrance de l'Orient par l'Occident chrétien) dans une institution qui fût son expression fidèle; il devait chercher un moyen d'unir la religion avec les armes; et vous serez rempli de joie lorsque, sous la cuirasse d'acier, vous trouverez un cœur plein d'ardeur pour la religion de Jésus-Christ. Vous verrez surgir cette nouvelle espèce d'hommes qui se consacrent sans réserve à la défense de la religion, en même temps qu'ils renoncent à tout ce que peut offrir le monde. « Plus doux que des agneaux, plus courageux que les lions, disait saint Bernard. » Tantôt ils se réunissent en commun pour élever vers le ciel une prière fervente, tantôt ils marchent avec intrépidité au combat en brandissant leur formidable lance, la terreur des Sarrasins...

« Lorsque après les désastres et les triomphes des croisades nous voyons apparaître les ordres militaires, tantôt combattant sur les plages orientales, tantôt dans les îles de la Méditerranée, soutenant et repoussant les attaques de l'islamisme, il nous semble voir ces braves qui au jour d'une grande bataille restent seuls sur le champ du combat, un contre cent, payant de leur héroïsme et de leur vie, la sécurité de leurs compagnons d'armes qui se retirent derrière eux (1). »

Nulle part en effet, la chevalerie ne se montre plus digne d'admiration, que dans son institution militaire religieuse ; là elle accepte le sacrifice de toutes les affections, le renoncement à la gloire du guerrier comme au repos du moine ; et charge du double fardeau de ces deux existences le même individu, le vouant tour à tour aux périls du champ de bataille et au soulagement de la souffrance. Les autres chevaliers allaient en quête d'aventures pour leur dame et l'honneur ; ceux-ci, pour secourir l'indigence et le malheur. Le grand maître des Hospitaliers se faisait une gloire du titre de *gardien des pauvres du Christ*.

Saint-Lazare. — La plus ancienne et l'une des plus héroïques fondations charitables, est celle des chevaliers de Saint-Lazare.

La lèpre, « peste permanente de l'Orient, » a de tout temps stimulé le dévouement des religieux.

Dès le IV° siècle, saint Grégoire de Naziance raconte que le grand saint Basile avait fait construire à Césarée un hôpital où furent recueillis comme dans « une véritable cité, » tous les lépreux de Cappadoce. L'évêque les servait de ses propres mains, et des religieux créés pour les soins de cette terrible maladie, se dévouaient à soigner les malades sous l'invocation de saint Lazare. La tradition rapporte que l'ami du Sauveur employait ses biens principalement en faveur des lépreux ; peut-être aussi voulait-on rappeler aux malades, par l'invocation du glorieux ressuscité, l'espoir de la résurrection dernière, et soutenir leur patience dans la langueur de cette

---

(1) *Protestantisme comparé au catholicisme*, t. II, BALMÈS.

triste maladie, par l'exemple de Lazare *languissant à Béthanie,* comme dit le saint Evangile.

C'est au chevalier Boyant Roger, disciple et compagnon du bienheureux Gérard qu'est due la fondation des religieux de Saint-Lazare, sous la règle de saint Augustin substituée à celle de saint Basile.

« Les chevaliers appelaient les pauvres *nos maîtres :* effets admirables de la religion, qui dans des siècles où toute la puissance dérivait du glaive, savait humilier la valeur, et lui faire oublier cet orgueil qu'on en croit inséparable.

« Comme guerriers, ils se signalèrent par les plus éclatants services dans l'armée des rois de Jérusalem. Comme hospitaliers, ils couvrirent la Syrie et l'Europe tout entière de léproseries et de lazarets. Une particularité touchante de leur institut, consistait dans l'obligation de choisir chaque nouveau grand maître, exclusivement parmi les chevaliers lépreux de Jérusalem. Cette disposition statutaire témoigne plus éloquemment que tous les discours, de l'héroïsme avec lequel les membres de l'Ordre s'exposaient à la contagion, et la subissaient comme le couronnement suprême de leur charité (1). »

Lors du voyage de saint Louis à Jérusalem, il s'associa aux religieux dans leurs humbles ministères près des malades ; et plus d'une fois il pansa les lépreux, de ces mains royales qui portaient le sceptre de France. Chassés de Palestine, les Hospitaliers de Saint-Lazare demandèrent asile au saint roi, qui leur donna plusieurs commanderies et hôpitaux. Peu après ils furent contraints de solliciter du Pape Innocent IV, l'autorisation d'élire un grand maître « sain de corps (nonobstant la

---

(1) *Histoire de l'Eglise,* Darras, t. xxiv, p. 260.

« coutume de l'Ordre), tous les chevaliers lépreux de la
« maison de Saint-Lazare ayant été massacrés par les
« Sarrasins à Jérusalem. »

L'ordre de Saint-Lazare fut réuni par Henri IV à celui de Notre-Dame du Mont-Carmel, fondé en 1608, et subsista jusqu'à la Révolution.

Les religieux hospitaliers réclament sainte Marthe pour leur fondateur direct... L'établissement par sainte Marthe du premier exemple de la vie cénobitique, est un fait assez important pour être discuté.

Les chevaliers hospitaliers avaient dans leur bréviaire à l'édition de 1553, une leçon de l'office de sainte Marthe où se trouve le passage suivant : « Pendant que Madeleine était entièrement vouée à la contemplation, et que Lazare s'occupait plus spécialement des choses militaires, la prudente Marthe dirigeait activement les affaires de son frère et de sa sœur, et donnait tous ses soins aux soldats et aux serviteurs. »

Les chevaliers commentaient ce passage par la tradition suivante, que leur Ordre avait conservée : « Lazare, disaient-ils, avait fondé à Jérusalem une milice dont il était le chef, elle avait pour mission de protéger les pèlerins dans leurs visites aux saints Lieux. » Ils disent même qu'arrivé en France, Lazare reconstitua cet ordre, et que sainte Marthe s'en occupant activement, pourvoyait aux besoins des soldats.

Quoi qu'il en soit, les religieuses et les religieux hospitaliers ont toujours porté la Croix de sainte Marthe, à deux branches, et donnent sur l'origine de cette croix qui a toujours été un des attributs de la figure de sainte Marthe, l'explication suivante : d'après eux, la branche verticale de cette croix représentait le frère, les deux bras figuraient les deux sœurs; l'ensemble de

GENDARMES ET POMPIERS
Héros du dévouement.

la croix était ainsi le symbole de leur association ; il est certain du reste que cette sainte la portait elle-même (1).

II

Le plus illustre des ordres religieux militaires, est celui qui porta successivement les noms de *Saint Jean de Jérusalem,* de *Rhodes* et de *Malte.*

Les Frères ne se bornaient plus au service des hôpitaux, ils prenaient une part active et glorieuse aux combats livrés contre les infidèles.

Devenus riches et nombreux, les chevaliers de Saint-Jean se défendirent vaillamment après la prise de Jérusalem contre les musulmans, et conservèrent Saint-Jean d'Acre jusqu'au xiv° siècle. En 1330, ils s'emparèrent de l'île de Rhodes, s'y fortifièrent, et de là protégeaient sur tout le littoral de la Méditerranée le commerce et l'industrie. Sous le nom de *Chevaliers de Rhodes,* pendant deux siècles ils avaient rendu cette île riche et fertile, et causé tant de dommages aux infidèles que Soliman II entreprit le siège de Rhodes, s'y maintint deux ans et ne put enfin s'y établir qu'après avoir perdu 180,000 soldats.

Le grand-maître, Villiers de l'Ile Adam, gentilhomme français, s'immortalisa par une défense héroïque et put réunir ses religieux-militaires à *Malte* que Charles Quint leur abandonna pour une minime redevance. Ils fortifièrent encore leur île si bien défendue par la nature, et

---

(1) *Petits Bollandistes* à la vie de sainte Marthe, t. ix, page 96.

continuèrent leurs croisières admirables dans la Méditerranée d'où ils éloignèrent les pirates. Des travaux vraiment gigantesques, la construction et l'entretien des galères étaient exécutés par les prisonniers, et tous les Maltais devaient marcher à la réquisition du grand-maître. La plupart des grands-maîtres se conduisaient en héros, l'éclat de leur puissance le disputait à celui des plus grands souverains; il suffit de nommer trois Français : Pierre d'Aubusson, Villiers de l'Isle Adam et Pariset de Lavalette. Ce dernier eut la gloire de refouler une armée de Turcs qui le tint assiégé pendant deux ans; commandée par le célèbre Dragut elle abandonna enfin une tentative qui lui avait coûté 30,000 hommes (1565).

La prépondérance des états chrétiens s'établit peu à peu sur les côtes, et après des alternatives dont le récit n'appartient pas à notre sujet, l'île de Malte fut donnée aux Anglais par le traité de 1814; mais les habitants ont conservé la plus grande partie de leurs usages, même de leurs droits, et se gouvernent en paix par leurs propres magistrats.

Reprenons quelques détails sur les hospitaliers de Saint-Jean :

Godefroi de Bouillon avait établi son empire sur les bases de la foi chrétienne. Mais les Sarrasins attaquaient sans cesse par la ruse, souvent par la force tous les pèlerins isolés; ou bien ils les tuaient, après les avoir accablés d'injures et de coups, ou bien ils les vendaient aux marchands d'esclaves. Déjà vers le milieu du XIe siècle un hospice fondé par les marchands d'Amalfi avait recueilli les pèlerins des deux sexes. Le monastère desservi par les religieux du Mont-Cassin sous le vocable de sainte Marie-Latine, était au temps de la croisade gouverné par un chevalier français, *le bienheureux*

Gérard Tom (ou Turc). Touché du dévouement des serviteurs des pauvres, Gérard résolut d'échanger la grandeur de sa fortune contre la gloire plus durable du sacrifice volontaire. Son abnégation devait trouver dès ici-bas sa récompense, car il eut l'honneur de fonder l'ordre des *Hospitaliers de Saint-Jean de Jérusalem*.

Nous trouvons dans une chronique anglaise, un curieux récit touchant le bienheureux Gérard. « Durant le siège de Jérusalem par Godefroi de Bouillon, Gérard enfermé dans la ville continuait à servir les pauvres à l'hôpital. Mais aux heures où la population musulmane se rendait aux remparts pour accabler les chrétiens sous une grêle de pierre, lui, jetait dans le camp des croisés des morceaux de pain dont il avait rempli son tablier. Les soldats musulmans s'en aperçurent et dénoncèrent le fait au soudan. Celui-ci avait une grande estime pour Gérard dont il admirait la charité. Il répondit aux dénonciateurs : « Quand vous le verrez jeter du pain aux assiégeants, saisissez-le avec ses provisions et amenez-le-moi ; autrement je ne vous croirai point. »

Quelques jours après les Sarrasins se saisirent de Gérard, et le traînèrent au Soudan, mais son tablier se trouva plein de pierres en sorte que le Soudan lui rendit la liberté. Gérard continua donc sans être inquiété à lancer chaque jour du pain aux soldats de Dieu. Godefroi de Bouillon entra dans Jérusalem avec son armée victorieuse ; après avoir accompli son pèlerinage au sépulcre du Sauveur, sa première visite était pour Gérard, le maître de l'hôpital, qui fut compris pour une large part dans la distribution des domaines de la conquête.

Tous les pèlerins, tous les pauvres, tous les infirmes, chrétiens ou infidèles, étaient secourus et soignés par les frères hospitaliers. Le bienheureux Gérard n'avait pas dans le principe donné à son institut la forme militaire.

« S'adjoignant, dit la chronique (1), de nobles et religieux compagnons que l'exemple de sa sainte vie et de son admirable charité groupa sous sa direction, il les organisa en communauté et leur donna une règle monastique. Leur costume était un grand manteau noir avec la Croix blanche sur la poitrine. Aux trois vœux ordinaires de la religion, ils ajoutaient celui de « servir Dieu humblement et dévotement dans la personne des pauvres. » Pauvres eux-mêmes, ils distribuaient aux indigents toutes les aumônes qu'ils recevaient. Après la mort, ils reposaient dans le cimetière commun de *Haceldama,* ce champ du potier acheté par les Juifs pour la sépulture des étrangers, avec les trente deniers, prix de la trahison de Judas, et rejetés par lui dans le temple. A mesure que les ressources affluaient, le saint fondateur agrandit ses œuvres. Il créa des hôpitaux, des maisons de charité et des asiles qui servaient de stations hospitalières sur les routes de Jérusalem. Comme en Terre-Sainte, ces établissements recevaient indistinctement les pauvres et les malades; les points les plus habituellement choisis pour l'embarquement des pèlerins furent dotés d'institutions de ce genre. L'Ordre du bienheureux Gérard se recruta presqu'entièrement de chevaliers croisés ; le pieux fondateur mourut à quatre-vingts ans, vers 1118 ; ses ossements vénérés, conservés dans une cassette ornée de peintures, suivirent dans leurs fortunes diverses les *Hospitaliers de Saint-Jean* à Rhodes, en Chypre, à Malte, puis furent ramenés en France en 1534, et déposés à Manosque.

Nous avons dit que aux trois vœux ordinaires, les religieux ajoutaient l'exercice de l'hospitalité et s'obligeaient à défendre par les armes le royaume de Jérusalem.

(1) *Histoire de Jérusalem :* Jacques DE VITRY.

Fidèles à leur noble mandat, les Hospitaliers ne quittèrent Jérusalem reprise par Saladin, qu'après avoir réussi à racheter plus de mille chrétiens captifs et avoir transporté leur hôpital à Margat. Ils combattirent glorieusement à Saint-Jean-d'Acre et y demeurèrent sous le nom de chevaliers de Saint-Jean d'Acre jusqu'à un nouveau succès des musulmans! Chassés de la Terre-Sainte, ils parvinrent après mille dangers, des fatigues inouïes, à gagner isolément l'île de Chypre où le roi leur donnait asile, et à y reconstituer leur maison centrale.

Le grand-maître s'aperçut bientôt qu'il avait à se défier également des Sarrasins toujours prêts à les surprendre, et du roi de Chypre qui semblait les accueillir pour les mieux ruiner. Villaret, alors grand-maître proposa de se retirer dans l'île de Rhodes pour y attendre une occasion de rentrer en Palestine. Il cacha soigneusement son dessein, convoqua les chrétiens à une nouvelle croisade; puis laissant à Brindes la foule accourue à sa voix, il s'embarqua avec les plus courageux et les mieux armés, pour l'île de Rhodes qu'il aborda sans coup férir grâce à la promptitude de son action. Aussitôt il entreprit le siège de la place, bien défendue et couverte par de formidables remparts. Après quatre ans de lutte, la capitale ayant été prise, les autres forteresses se rendirent au vainqueur, et l'île entière devenue possession des Hospitaliers, fut vaillamment défendue par eux pendant deux siècles contre les infidèles.

Sous le nom de *Chevaliers de Rhodes*, les religieux repoussèrent les Ottomans en 1455. Mais cette nouvelle victoire ne délivrait pas les hospitaliers des implacables ennemis du nom chrétien. Sans cesse menacés par le sultan d'Egypte comme par celui de Constantinople, contraints en même temps de contenir l'ambitieuse Venise, ils profitèrent d'un moment de paix relative pour construire un nouveau fort; une chapelle de Saint-Nicolas enclavée dans l'enceinte, lui donna le nom du saint, la Forteresse couronnait une masse de rochers avancés dans la mer. A l'abri de cette défense inexpugnable, le grand-maître donna la chasse aux galères turques qui ne cessaient d'inquiéter les côtes; Mahomet II jura de se venger et envoya cent soixante vaisseaux de guerre avec plus de cent mille guerriers (1480). Les efforts désespérés des Turcs, leurs criminelles tentatives pour se défaire par le poison des principaux chevaliers, tout échoua devant l'héroïque bravoure des guerriers chrétiens. Le grand-maître Pierre d'Aubusson, debout sur la brèche électrisait ses religieux: « C'est ici, répétait-il, le poste d'honneur qui m'appartient (1). »

Les Turcs trois fois repoussés étaient parvenus à planter leurs drapeaux sur les remparts, lorsque définitivement vainqueurs, les chevaliers eurent encore la bonne for-

---

(1) Lamartine dans son *Voyage en Orient*, décrit les beautés de l'île célèbre: « Rhodes, dit-il, sort comme un bouquet de verdure du sein des flots; les minarets légers et gracieux de ses blanches mosquées, se dressent au-dessus de ses forêts de palmiers, de caroubiers, de sycomores, de platanes, de figuiers; ils attirent de loin l'œil du navigateur sur ces retraites délicieuses des cimetières turcs, où l'on voit chaque soir les musulmans couchés sur le gazon de la tombe de leurs amis, fumer et deviser tranquillement comme des sentinelles qui attendent qu'on vienne les relever... Je ne connais au monde ni une plus belle position militaire maritime, ni un plus beau ciel, ni une terre plus riante et plus féconde. Les Turcs y ont imprimé ce caractère d'inaction et d'indolence qu'ils portent partout... Je regrette cette belle île comme une apparition qu'on voudrait ranimer.

« Le palais des grands-maîtres est en ruine, l'église Saint-Jean est abandonnée, les auberges des huit langues sont de même détruites ou désertes. Cette insouciance des infidèles, qui n'ont ni achevé de renverser ni tenté de reconstruire pour de nouveaux usages les monuments chrétiens, se manifeste surtout dans la plaine qui fut le champ de bataille et de mort des 180,000 Turcs tués en 1522. Tous pêle-mêle au lieu où ils sont tombés, la plupart ont été dévorés par les oiseaux de proie et les chiens, qui ont facilement bouleversé les sépulcres à peine recouverts et dont la poussière osseuse se confond avec le sable du rivage. »

tune de retenir prisonnier le fameux Zizim, frère et compétiteur du sultan Bajazet.

Mais en 1522, Soliman II le Magnifique ayant trouvé un plan exact de l'île de Rhodes et informé par un traître du peu de forces dont les chevaliers disposaient, reprit le siège de Rhodes ; toutefois et grâce surtout au grand-maître Villiers de l'Isle-Adam, les troupes infidèles lasses d'un si long siège, auraient renoncé à le continuer si le traître André Amaral ne leur eût donné l'assurance que la ville ne pouvait résister plus longtemps. Les religieux et leur grand-maître eussent préféré mille fois s'ensevelir dans leur gloire; mais contraints par les habitants épouvantés, ils acceptèrent une capitulation honorable qui témoignait de l'admiration des vainqueurs pour de si nobles vaincus.

Quatre mille religieux-guerriers conduits par Villiers de l'Isle-Adam, se réfugièrent à Candie, puis en Sicile jusqu'à l'année 1520, où Charles-Quint leur céda l'île de Malte.

Mais il est impossible de réconcilier Satan avec Jésus-Christ, et les enfants de Bélial avec les enfants de Dieu ; Soliman II recommença dès 1562 ses attaques contre les *Chevaliers de Malte*, boulevard de la chrétienté. Après un siège de quatre mois, et vingt jours d'assauts successifs, les forts démantelés, réduits en poudre ne résistaient plus que par le courage de Jean de Lavalette, résolu de mourir avec ses frères plutôt que de se rendre, lorsque le vice-roi de Sicile, don Garcia de Tolède parut inopinément sur les côtes de Malte, la veille de la fête de la Sainte Vierge, le 7 septembre. Il cerna l'armée turque par mer, pendant que les chevaliers redoublaient leurs efforts. Enfin les ennemis se retirèrent en désordre, laissant sur le terrain quinze mille soldats et huit mille matelots. La merveilleuse intervention de la Sainte Vierge fut célébrée chaque année dans tout l'Ordre. Depuis lors Malte ne fut plus troublée par les infidèles, et le grand-maître fit construire la ville neuve qui porte son nom.

L'ordre de Malte comprenait trois catégories de religieux : les *chevaliers* d'une grande naissance et ordinairement tirés des hauts rangs de l'armée, les *chapelains* destinés aux fonctions d'aumôniers, et les frères *servants* au nombre desquels on admettait tous ceux qui le demandaient, pourvu que leurs parents fussent honorables. Leur vêtement guerrier ou cotte d'armes, était d'une couleur différente de celle des chevaliers; l'habit régulier de l'ordre consistait en une robe noire avec manteau noir; les chevaliers portaient du côté gauche une croix de toile blanche à huit pointes; plus tard par suite du relâchement dans la pauvreté religieuse, cette croix devint une décoration d'or à huit pointes émaillées de blanc, et suspendue par un ruban noir.

La profession solennelle était accompagnée de cérémonies symboliques touchantes. Revêtu de la robe sans ceinture pour indiquer qu'il n'était retenu encore par aucun lien, le chevalier s'avançait vers l'autel portant un cierge allumé. Le chevalier assesseur lui présentait l'épée « au nom du Père, et du Fils et du Saint-Esprit, » lui déclarant que désormais son devoir était de consacrer sa vie et ses armes à la défense de la foi. Il recevait ensuite la ceinture qui marquait son union aux vœux de l'Ordre. Le nouveau profès brandissait l'épée comme pour défier les infidèles; puis il promettait de servir les pauvres de Jésus-Christ, d'accomplir les œuvres de miséricorde, et recevait les éperons dorés. Tenant ensuite un cierge allumé, il entendait la messe, après laquelle s'approchant de l'autel il prononçait ses vœux sur l'Evangile.

De longues prières en l'honneur de la Sainte Vierge, pour les morts et particulièrement pour les chevaliers trépassés, obligeaient chaque jour les religieux militaires, qui devaient se tenir toujours prêts à donner leur vie pour la défense des Lieux-Saints, des captifs et des intérêts de sa religion.

III

Templiers. — Vingt ans à peine s'étaient écoulés depuis la fondation des Hospitaliers, quand Hugues de Payens et Geoffroy de Saint-Aldemar, avec neuf autres nobles français venus par dévotion à Jérusalem obtinrent du patriarche et du roi Beaudoin II, l'autorisation de former une association pour aider les Hospitaliers et agir de concert dans le but de protéger les pèlerins et de garder le temple. Logés dans l'enclos même de l'édifice, ils en reçurent le nom de *Templiers,* bien que leur modestie leur ait fait prendre le titre de *pauvres soldats de Jésu -Christ*. Les œuvres de leur charitable dévouement attiraient les aumônes, et la multiplicité de leurs travaux les obligea bientôt à recevoir des étrangers dans une société d'abord toute française. Dix ans après la fondation (1228), les Templiers furent érigés en ordre religieux-militaire et saint Bernard rédigea pour eux une règle spéciale, extrêmement austère : Ils s'engageaient à l'exil perpétuel, à la guerre sainte jusqu'à la mort; à combattre un contre trois sans demander quartier ni donner de rançon. Revêtus d'un habit blanc, symbole de la pureté de leur vie, il y ajoutèrent peu après une croix rouge qui leur rappelait leur vœu héroïque.

« Les infidèles n'eurent pas d'ennemis plus redoutables

que ces pauvres soldats de Jésus-Christ, dont on a dit qu'ils avaient la douceur des agneaux et la patience des ermites, qu'ils montraient à la guerre le courage des héros et la force des lions. Leur étendard, appelé *Beaucéant,* était mi-partie de blanc et de noir avec ces mots : « *Non nobis, Domine, non nobis, sed tuo nomini da gloriam* (1). »

Au premier chapitre général, et cinquante ans après leur fondation, les Templiers se trouvèrent trois cents gentilshommes et autant de frères servants, presque tous français.

Ils transportèrent le siège de l'ordre à Saint-Jean-d'Acre ; les biens s'augmentèrent promptement d'une façon prodigieuse ; cependant les Templiers se conservèrent dignes de leur renommée tant qu'ils restèrent véritablement hommes de guerre, car l'histoire des croisades est pleine des traits de leur valeur. Mais peu à peu, gagnés par l'ambition, infidèles à leur règle, laissant la jalousie et l'orgueil s'introduire parmi eux, ils méprisent les remontrances du Saint-Siège, en viennent à s'allier au chef des *Assassins* ou *Vieux de la montagne.* On sait la fin : comment l'ordre des Templiers fut supprimé par le concile de Vienne en 1312, comme désormais inutile à l'Eglise, et comment le roi de France Philippe le Bel, abusa de son pouvoir pour condamner au feu, avant le jugement définitif du Saint-Siège, le grand-maître Jacques Molay.

Nous ne parlerons pas de l'ordre des chevaliers *Teutoniques,* composé uniquement d'allemands, dans le même but que les autres hospitaliers. Le luxe altéra promptement leur foi religieuse. On se rappelle que le dernier grand-

---

(1) « Ne donnez pas à nous, Seigneur, ne donnez pas à nous la gloire, mais à votre nom. »

maître, Albert de Brandebourg, lié par les trois vœux de religion et par le serment de conserver la Prusse fief de l'Eglise à l'Eglise et à son ordre, se fit luthérien pour se débarrasser de ses serments (1). Il partagea le domaine de ses religieux avec son oncle, et devint à ce prix le *premier duc de Prusse*.

« Telle est l'origine de la famille royale de Prusse. » Après avoir acquis de telle sorte un domaine et un titre, Albert de Brandebourg épousa la fille du roi de Danemark. On comprend que l'ordre des chevaliers Teutoniques s'éteignit naturellement.

Il est doux à un français, de mettre en parallèle l'origine d'une puissance née de l'apostasie, et le titre quatorze fois séculaire de *Fille aînée de l'Eglise,* donné à la France au baptême de Clovis, le premier roi chrétien.

IV

Quelques auteurs ont prétendu que le plus ancien des ordres militaires aurait été établi des 1022 par le roi Robert, mais il ne date que du roi Jean. En réalité les premiers de tous furent institués par saint Louis, afin d'encourager ceux qui le suivaient à la croisade.

L'ordre de la Cosse de Genest fut fondé en 1254 par le saint, à l'occasion de son mariage avec Marguerite de Provence. C'était un ordre de chevaliers, auxquels il donna ce nom par allusion à la modestie de la princesse. Le collier d'or formé de cosses émaillées et de

---

(1) LACROIX : *Vie militaire et religieuse au Moyen Age.*

fleurs de lys, portait cette légende : *Exaltat humiles :* « Il élève les humbles. » Il fut réservé plus tard aux gentilshommes chargés de la garde particulière du roi contre les assassins émissaires du *Vieux de la montagne*. — On sait que le mot *assassin* vient de *haschischin* (buveurs de la liqueur enivrante *haschisch*).

L'ordre du Navire tomba dès la deuxième croisade de saint Louis, qui l'avait donné au départ à ses principaux compagnons de voyage pour la Terre-Sainte.

L'ordre de Saint-Michel créé par Louis XI, était placé sous le vocable et la protection du glorieux Archange, gardien de la France, dont l'image brodée en or distinguait la bannière royale ; car, disent les statuts de l'Ordre, « Michel est le premier chevalier, qui pour la « querelle de Dieu batailla contre l'ancien ennemi de « l'humain lignage, et le fit trébucher du ciel. »

Trente-six chevaliers *sans reproche* avaient pour chef le roi lui-même ; ils portaient un manteau blanc à chaperon de velours cramoisi, avec le collier de coquilles d'or et la figure de saint Michel terrassant le démon.

L'ordre du Saint-Esprit est avec celui de Saint-Michel, le seul que nos rois aient distribué jusqu'à la fin du XVIe siècle. Ils portaient tous deux le titre d'*ordres du roi*.

Henri III avait connu dès sa petite enfance l'ordre du Saint-Esprit, institué à Naples par son parent Louis d'Anjou, roi de Sicile. De plus, lors de son retour de Pologne, Henri avait reçu de Venise un merveilleux manuscrit, orné de fines miniatures représentant toutes les cérémonies de l'investiture de cet Ordre ; mais celui de Naples fondé deux siècles avant Henri III, contenait les statuts propres au service militaire que les chevaliers devaient rendre aux armées de Terre-Sainte ; le nouvel ordre français n'était destiné qu'à réunir autour du trône les cent gentilhommes les plus illustres de nom et de naissance.

Leur manteau de cérémonie était bleu fleurdelisé d'or, le collier aux fleurs de lys d'or couronnées de flammes en émail, était fermé par une croix surmontée d'une colombe symbolique en argent.

Ces ordres militaires étaient loin de « l'institution magnifique inconnue à tous les peuples antérieurs, et qui se rattache surtout aux croisades. Nous voulons parler des ordres *religieux - militaires* (1), véritable association de l'Eglise et de la Chevalerie. »

---

(1) *Histoire universelle*, César Cantu, t. x.

CHAPITRE IV

**Les Gendarmes, Chevaliers de la paix.
Les Pompiers, Héros du dévouement.**

I

« Il y eut un moment, au XIIe siècle, où l'Eglise essaya de créer un corps de *chevaliers* uniquement chargés de maintenir la paix dans la chrétienté et d'empêcher le scandale des guerres privées. Ces gendarmes de Dieu étaient appelés *paissiers* (pacificateurs) ; il n'y a peut-être jamais eu de plus beau nom de soldat. »

Quand on voulut créer cette sorte de gendarmerie, c'étaient des *soudoyers*, ou simples vassaux, qui s'étaient présentés d'abord. Deux mots suffisent à leur éloge : « On pouvait compter sur eux. »

Lorsque Charles VII songeait à créer l'armée permanente, il commença par établir (1439) quinze compagnies, composées chacune de cent cavaliers, hommes d'armes ou *gens d'armes*, tous gentilshommes, lesquels se devaient faire accompagner de cinq soldats de condition et de rang inférieurs. Par la suite, ces cavaliers donnèrent leur nom à l'institution qui, au XVIe siècle, simplifia la première dénomination pour en faire celui de *gendarme*.

Depuis la fondation de l'armée, il y a toujours eu, dans la cavalerie, un corps spécialement appelé *gendarmerie*. — Indépendamment de ce corps, Henri IV avait créé la gendarmerie de la garde, adoptée également par Louis XIII et dont la principale fonction était d'accompagner le roi aux chasses. Louis XVI supprima cette gendarmerie ; aujourd'hui on nomme gendarmerie, un corps spécial militaire, « chargé de veiller au maintien de l'ordre et de la sûreté publique, à la recherche et à la constatation de certaines infractions à la loi, et à l'exécutions des arrêts judiciaires. »

La gendarmerie est un *corps d'élite* qui se recrute soit dans l'armée active, parmi les sous-officiers et soldats, soit au moyen d'anciens militaires satisfaisant aux conditions de taille, de *moralité* et d'*instruction*. Depuis dix ans, on y incorpore également de jeunes soldats (ou *élèves-gendarmes*) choisis dans les troupes, lorsqu'ils ont donné les preuves suffisantes des qualités nécessaires aux graves fonctions qui leur sont confiées.

Les armées en campagne sont toujours accompagnées de détachements de gendarmes, spécialement chargés de réprimer l'indiscipline, de recevoir les plaintes des habitants, de les protéger contre le pillage et les violences, et de fournir aux rapporteurs des conseils de guerre les informations ou documents dont ils ont besoin.

Rien de plus vrai que le dicton populaire : « Il n'y a « que les coquins qui craignent les gendarmes. » — En effet, par sa condition, par ses qualités, par son dévouement, le gendarme sorti à la fois des rangs du peuple et de l'armée, doit être sympathique à tous les honnêtes gens dont il est le protecteur né.

Le général Ambert a consacré, dans un de ses ouvrages *(les Soldats français)*, quelques pages sublimes au modeste gendarme, ce héros presque toujours inconnu, souvent méconnu, dont, en réalité, le dévouement est la sécurité de la France ! Nous nous faisons un pieux devoir de citer textuellement quelques passages.

Saint Jean de Matha consolant les Captifs (page 73).

« Lorsqu'un homme de bien passe par les chemins de France... il s'élève, d'un côté ou de l'autre de la route, des voix pour lui chanter quelques vers de ce doux poème qu'ont écrit au cœur du *vrai patriote* les services et la fin tragique de nos héroïques gendarmes.

« Dans le fleuve qui coule au pied de la montagne, un homme, entraîné par les flots, périssait. Saisis de terreur, les villageois répondaient à ses cris par des cris. Le gendarme s'est précipité dans le torrent et, meurtri par les rocs, le corps brisé, il a sauvé la vie de l'homme.

« ... Ce grand seigneur, si riche, dont le château s'élève à l'horizon, était emporté par de fougueux coursiers vers le précipice d'où jamais nul n'est revenu. Se jetant à la tête des chevaux, le gendarme, traîné sanglant, a sauvé le seigneur.

« Ce pauvre ouvrier allait être conduit en prison faute d'argent pour payer son abri. La ruine était entrée dans la maison avec la maladie (avec la grève coupable et ruineuse, peut-être)..., le lit du vieux père et le berceau du nouveau-né, exposés sur la place publique. appelaient les acheteurs. Le visage caché dans ses mains, honteuse, dominée par une invincible pudeur, l'épouse du pauvre embrassait ces restes du ménage, ces reliques de la misère. L'infortunée sanglotait sous le regard impassible de l'ouvrier, que torturait la douleur... Mais le gendarme a fendu la foule égoïste, d'un regard il a tout vu, tout compris. Lui aussi, il a une famille, et sous ses blanches aiguillettes bat un noble cœur. Il songe à sa femme, à son enfant... il vide sa bourse pour sauver le pauvre.

« Un bandit désolait la contrée, portant la torche de l'incendie sur les maisons et le fusil de l'assassin sur les passants. Le gendarme, au péril de sa vie, a saisi le criminel et sauvé la contrée.

« Mais que voyez-vous là-bas, dans la plaine, au carrefour de la forêt? C'est un cheval arrêté qui hennit et appelle. A ses pieds, un cadavre est étendu sanglant, c'est le corps du gendarme ! La loi lui disait d'avancer, une mort certaine lui disait d'arrêter... Il n'avait pour témoin que Dieu et sa conscience. Il croyait en Dieu ! il a marché et il est mort pour le devoir !

« A vous tous, riches et pauvres, jeunes et vieux, humbles et puissants, le gendarme donne sa vie : et vous passez à côté de lui insouciants et distraits...

« J'ai vu le gendarme secourir le criminel, qu'il devait arrêter pour le salut de la société, avec le dévouement d'une sœur de la Charité; je l'ai vu soutenir le condamné comme le prêtre de la dernière heure; je l'ai vu, après les luttes, soigner les blessures comme le médecin; je l'ai vu, sous le chaume, calmer les haines comme le confesseur; je l'ai vu présider aux fêtes du village, comme le patriarche du hameau; je l'ai vu concilier les différends comme le juge de paix; je l'ai vu combattre comme le guerrier; je l'ai vu souffrir en silence comme le religieux; je l'ai vu mourir comme le martyr !

« Jamais une plainte ne s'est échappée de ses lèvres. Vous dormiez, et il veillait; vous vous réjouissiez dans les fêtes, et lui, debout à l'angle obscur, protégeait votre joie. Il a l'œil sur votre maison, sur votre champ, sur votre or, sur votre repos, lui qui ne possède souvent ni maison, ni champ, ni repos !...

« D'où vient cet homme?

« Eux aussi, les gendarmes, étaient enfants du peuple. Leurs mains avaient manié l'outil de l'ouvrier ou la charrue du laboureur; puis ils ont passé par le régiment, la meilleure des écoles, pour apprendre le dévouement, le courage, le mépris de la mort... Etranger aux passions, le gendarme a l'esprit droit, l'âme honnête; il ne connaît que son devoir !

« ... Le Français aime la gloire. Elle lui apparaît dans le lointain des frontières, sous l'uniforme du soldat qui combat l'étranger.

« ... Mais il est une gloire obscure, ignorée, méconnue et plus pure, s'il est possible, que celle du guerrier, car elle est plus désintéressée, c'est la gloire du gendarme qui, lui aussi, sait mourir dans les flots, dans les flammes, dans les bois, dans les carrefours, pour vous et les vôtres !...

« ... A vingt ans, la loi les avait amenés dans les rangs de l'armée. Leur service achevé, leur excellente conduite les transformait en gendarmes, c'est-à-dire en protecteurs de la société... Il étaient pauvres, cependant, car leur solde est à peine égale au salaire de l'ouvrier. Presque tous mariés et pères de famille, ils vivaient de privations, mais fièrement et honnêtement.

« ... L'ennemi parut à la frontière, et nos soldats connurent les revers.

« Alors on appela les gendarmes. Ils quittèrent leurs brigades, dirent adieu à leurs enfants qu'ils laissaient sans ressources, puis montèrent à cheval. Nous les avons vus à l'œuvre, ces braves gendarmes, calmes comme la loi, mais d'un courage supérieur à la loi.

« ... Peu d'hommes, en France, ont été soumis à de telles épreuves.

« Les Prussiens les frappaient dans la bataille ou les faisaient prisonniers. La Commune les assassina !...

« L'antiquité païenne avait ses guerriers, ses magistrats, ses orateurs, ses artistes, ses savants; mais elle n'avait ni *gendarme,* ni *sœur hospitalière,* parce que le christianisme seul a compris le mot *sacrifice.*

« Le gendarme est l'expression la plus complète, la plus éloquente, la plus vraie du sacrifice.

« Le gendarme est l'héritier direct des ordres de chevalerie nés au XII° siècle...

« ... Dans les troubles... quand la désertion partait quelquefois de si haut, quand les uns pactisaient avec le mal par la lâcheté, quand les autres cherchaient leur salut dans la fuite, le gendarme restait à son poste, il y mourait sans reculer d'un pas.

« Tous ont ainsi fait, depuis les capitales jusqu'aux hameaux, et nul ne sachant ce que faisait la brigade voisine.

« Certes, on ne saurait méconnaître dans cet universel dévouement de la gendarmerie un esprit particulier qui a produit, dans notre âge incrédule, les miracles que produisaient jadis les ordres religieux-militaires.

« Cet esprit particulier est, avant tout, l'*esprit militaire,* qu'il ne faut pas confondre avec l'esprit guerrier. L'esprit militaire est un écho de l'esprit chevaleresque... écho fugitif, quelquefois, mais qui se réveille quand la tempête menace d'engloutir la patrie.

« ... Au milieu de notre armée si brave, l'homme le plus courageux est le gendarme, parce qu'il est intrépide dans les ténèbres comme au soleil. Au milieu de notre magistrature, l'homme le plus clairvoyant est le gendarme. Au milieu de nos campagnards si vigoureux, l'homme le plus fort est le gendarme ; car dans le danger, tous l'appellent à leur secours... il est la loi vivante, mais bien moins la loi qui frappe, que la loi qui protège.

« Pour vous tous qui avez le sentiment de la patrie, l'amour de la famille, et dont le cœur n'est pas un monstre d'ingratitude, le gendarme doit être un objet de respect, de vénération et d'amour, car sa tête est entourée de l'auréole du sacrifice éternel. »

II

En France, depuis une centaine d'années, toutes les communes de quelque importance sont pourvues de *pompes à incendie* et chaque ville possède, en outre, tous les appareils de sauvetage ainsi que des compagnies de *sapeurs-pompiers*. A Paris, les pompiers appartiennent à l'armée et forment un bataillon de cinq compagnies, placé sous les ordres du Préfet de police. Ailleurs, les pompiers font partie de la garde nationale, ils sont choisis parmi les ouvriers en bâtiments, dévoués et courageux, les plus aptes par leur profession à rendre les services utiles ; ils s'exercent en outre aux manœuvres spéciales que réclame leur destination.

Aucun autre corps n'a plus besoin que celui de ces *héros du dévouement*, de la foi chrétienne aux récompenses éternelles. Ce n'est pas seulement en temps de guerre, sous les yeux des chefs, avec l'espérance d'un avancement ou d'une décoration que le pompier est prêt à donner sa vie.

La nuit comme le jour, au milieu des fêtes ou des désastres, contre le feu destructeur et l'envahissement des eaux débordées, il est requis avec une promptitude merveilleuse, dans tous les dangers, pour tous les sacrifices. Que s'il vit en soldat chrétien, et tourne son cœur vers Dieu par un élan du cœur, en courant où son noble devoir l'appelle, il peut espérer, il doit croire que l'effusion de son sang, les meurtrissures de ses terribles chutes, la morsure des flammes cruelles, lui ouvriront le Ciel, car « nul ne peut donner une plus grande preuve d'amour que de sacrifier sa vie ; et la charité couvre la multitude des péchés. »

Tout-à-coup, le feu, longtemps caché sous les combles, éclate dans une fabrique, il atteint peut-être un dépôt d'alcool, ou les bois d'une scierie... Depuis longtemps, on se plaint de la sécheresse, le vent qui souffle avec violence active la flamme et disperse au loin les charbons ardents. La population affolée forme la chaîne ; mais que peut ce faible secours contre l'incendie... Les pompiers arrivent de tous côtés, prompts comme l'éclair, calmes comme le dévouement, ils placent les pompes ; eux-mêmes, montés sur les murs qui s'écroulent, semblent défier la mort, ils se tiennent impassibles au milieu d'un foyer brûlant pour diriger l'eau sur les points les plus menacés... Bientôt la terreur augmente, le feu dévore une maison, puis deux, puis quatre... le quartier va disparaître ; alors on emploie le canon et la mine pour arrêter le fléau par les débris, que les braves pompiers couvrent des jets de leurs pompes.

Une église devient la proie des flammes ; sa haute tour dominait l'incendie... mais voilà que des ogives ouvertes s'élancent les jets destructeurs, le plomb des toitures coule le long de l'édifice, il tombe dans les ruisseaux des rues en pente ; la vieille horloge, après avoir sonné une dernière fois l'heure sinistre, s'engloutit dans la fournaise ; les cloches, agitées par le tourbillon, se mettent en branle et annoncent leur propre destruction... Des bandes de pillards parcourent les rues, dévalisent les maisons incendiées ; la désolation devient en quelque sorte du délire...

Où sont les pompiers dans ce désastre affreux ? — Ils sont partout ! Les uns, parvenus à franchir les murs de l'église, en préservent l'intérieur et sauvent le monument ;

les autres maintiennent les pompes à une hauteur de jet qui épuise leurs forces, mais non leur courage ; d'autres éloignent les odieux malfaiteurs que surveille encore le courageux gendarme.

Cependant, les forces des troupes et celles des pompiers ne peuvent tenir à un si grand effort ; rien n'arrête leur dévouement ; plusieurs sont blessés, on les emporte ; d'autres les remplacent, sans que jamais aucun n'hésite... Au travers des maisons démantelées, à la lueur des flammes, des ombres paraissent, cherchant à gagner les escaliers détruits, on les voit tomber dans l'horrible abîme... Une mère présente à la fenêtre le berceau de son enfant, elle implore le pompier ! Ah ! ce héros de la charité est depuis longtemps dans les flammes ; il a, d'une main ferme, accroché son échelle aux parois encore debout ; aux cris de terreur de la foule, il répond par un signe de Croix et il monte... il entre dans la brûlante atmosphère ; ses pieds meurtris, calcinés par les charbons, ne ralentissent pas sa course héroïque... enfin, il reparaît ! l'enfant est enroulé autour de sa poitrine, il le dépose à terre et le peuple se précipite avec admiration sur les traces du héros qui a disparu !...

Au bout de quelques minutes, un de ces longs sacs, si connus pour leur utilité merveilleuse, se balance près du dernier pan de mur de la demeure détruite... une femme, la mère de l'enfant, en sort sans blessure... L'action doublement héroïque du pompier a pesé dans la balance de la justice divine, elle l'a fait pencher du côté de la miséricorde, et bientôt une pluie abondante venant en aide aux efforts des pompiers, ils se rendent maîtres du feu.

« Maîtres du feu !... » expression reçue pour indiquer le succès des secours ; mais qui donc, en définitive, est le « maître du feu, » si ce n'est ce Dieu « à qui les vents, la mer et toute la nature obéissent ? »

CHAPITRE V

Vaincus et Prisonniers.

SAINT FÉLIX DE VALOIS.

I

« Aujourd'hui les soldats, même prisonniers, doivent être respectés et traités comme des concitoyens. — Les biens et les personnes des simples particuliers ont droit à être respectés comme ils le seraient par leur propre gouvernement.

« Le droit des gens, les droits de la guerre, écrit le général Ambert (1), ne sont autre chose que la morale du christianisme. Jusqu'à la venue de la religion chrétienne, la guerre était barbare... »

Les Romains égorgeaient solennellement les prisonniers de guerre. « Ils agissent ainsi, dit Polybe, pour imprimer partout la terreur du nom romain. Lorsqu'ils prennent d'assaut quelque place forte, on les voit, non seulement mettre à mort les défenseurs et les habitants, réduire en esclavage les femmes et les enfants, mais aussi massacrer les chiens et les animaux domestiques. »

Ils détruisaient par le feu les villes dont ils ne pouvaient s'emparer d'après les règles de l'art et les secours de la science. C'est ainsi que périrent Carthage,

---

(1) Récits militaires : *le Siège de Paris.*

Corinthe et Numance. Le feu, à cette époque, était ce que de nos jours est le **bombardement**.

Le butin était de droit dans l'antiquité... Les Romains ont entassé dans leur ville les merveilles de Syracuse, de Corinthe, d'Alexandrie ; les statues, les tableaux, les vases d'or et d'argent, les trésors des nations vaincues.

Les mœurs des Romains, comme celles des Hébreux, autorisaient l'esclavage du vaincu. Le char de triomphe chez les Romains était accompagné par les princes captifs, enchaînés au char du vainqueur et immolés au Capitole, où la couronne ceignait le front du triomphateur. L'abus devint tel et les esclaves si nombreux, que les Romains eurent à réprimer, en soixante ans, six conjurations d'esclaves ; leur puissance fut ébranlée par trois guerres serviles.

Le christianisme fit cesser tant de crimes dont la guerre était le prétexte. La guerre, il est vrai, malgré le christianisme, conserva ses colères, ses passions mauvaises ; mais il y a une morale publique pour condamner les excès, flétrir les crimes et protéger le vaincu. Depuis que la civilisation chrétienne a régné sur l'Europe, les belligérants ne peuvent faire à leur guise abstraction de la notion du droit.

« Entre puissances ennemies, c'est une loi générale que les sujets d'un Etat en guerre, qui ne prennent pas les armes, doivent être protégés dans leurs personnes et dans leurs biens, comme s'ils étaient sous le pouvoir de leur propre gouvernement, sauf les fournitures et réquisitions qu'autorisent les besoins de l'armée. »

Quant aux prisonniers, leur mise à mort n'est justifiable dans aucun cas, si ce n'est *peut-être* dans celui de rebellion à force ouverte. (Ainsi donc même dans ce cas, le droit de mettre à mort les prisonniers est douteux !)

... Les propriétés privées sont inviolables, excepté les

propriétés saisies en mer ; non par les pirates, mais par les troupes régulièrement envoyées par leur gouvernement.

Ainsi l'amiral Courbet avait le droit de mettre le blocus sur le riz pour réduire les ports de l'Annam et du Tonkin.

En 1870 l'armée ennemie avait le droit de couper nos convois de vivres, de les surprendre et de les confisquer à son profit ; mais le soldat, ou même le général prussien, n'avait *nulle part* le droit de dévaliser les châteaux, villages ou habitations et de meubler sa demeure des vols commis en France, au mépris du droit le plus élémentaire des nations civilisées.

« Il y a un abîme entre la guerre régulière limitée et la tempête désordonnée qui, attisant les passions internationales met en péril l'ordre social lui-même, dit M. Ch. Giraud. »

A côté de ces paroles d'un Français, citons celles d'un Prussien (*Gazette de Prusse,* 1871) : « La patrie doit apprendre... que contre la guerre de race, il n'y a qu'un remède : *l'extermination !* » Le général Ambert compare l'odieux système des sièges faits par l'ennemi en 1870, à la belle conduite des grands guerriers, même païens, Cyrus et César ; à celle des héros chrétiens, Guise, Montluc, Vauban, Turenne, Montécuculli ; il termine ainsi : « On était savant et brave en même temps. On était avare de la vie des soldats ; la guerre était un art et une science, et non pas ce que l'ont faite les Prussiens : le pillage et l'extermination. »

Nous lisons dans tous les auteurs qui ont parlé de la guerre de Vendée, entre autres dans les *Mémoires de Napoléon,* qu' « aucune vengeance n'était exercée » par les soldats de l'armée catholique.

« Il était défendu de voler personne. On ne pouvait rien prendre aux particuliers, excepté les armes et les vivres. Cependant, vu la nécessité, il était permis à tout le monde de changer de linge en laissant le sale ; après avoir honnêtement demandé aux bourgeois du mauvais linge propre. »

En entrant à Parthenay après des incendies qui se renouvelaient sans cesse, M. de Lescure rappelait aux habitants la proclamation par laquelle on annonçait la peine du talion pour les crimes commis, et il ajoutait ces belles paroles ! « Je devrais, suivant cette loi, mettre le feu à la ville : mais comme vous venez de brûler mon château, je m'en garderai bien, car vous pourriez croire à une vengeance particulière. »

A la prise de Doué, la citadelle ayant capitulé, M. de Lescure laissa aux officiers leurs sabres et leurs chevaux, et permit à la garnison de se retirer à Tours sans condition. Dans les batailles des cinq jours précédents et dans la prise de la ville, on avait fait onze mille prisonniers ; ils furent rasés simplement après avoir juré de ne plus combattre.

Westermann avait fait incendier le château de la Durbellière, près de Châtillon. M. de Lescure porta en hâte l'armée royale vers la ville, près d'un moulin à vent, sur le chemin, et surprit tellement les républicains que des dix mille hommes de Westermann il ne resta que trois cents cavaliers ; leur rage était telle qu'ils se faisaient tuer, bien qu'on leur criât sans cesse : « Rendez-vous, on ne vous fera pas de mal. » M. de Lescure avait pris environ soixante-dix bleus ; il les ramena lui-même à la prison pour être sûr qu'ils ne seraient pas massacrés ; et déclara qu'il défendrait les prisonniers au péril de ses jours. »

A la prise de Thouars, on fit plus de trois mille prisonniers; on les renvoya presque tous parce qu'ils étaient pères de famille, deux cents seulement suivaient l'armée; M. de Lescure dit au général républicain Quetineau : « Monsieur, vous êtes libre; mais je vous engage à rester prisonnier sur parole dans la ville royaliste que vous voudrez, car si vous allez trouver les Bleus, on vous fera périr pour avoir rendu la ville, malgré votre belle défense. » Quetineau, d'un caractère loyal et généreux, ne pouvait croire à l'ingratitude de la République; il accepta le laisser-passer que lui offraient les généraux vendéens, se rendit à Saumur où M. de Lescure le retrouva prisonnier du gouvernement qu'il défendait, et qui lui imputait à crime sa défaite. Rendu une seconde fois à la liberté par l'armée royaliste, ce brave homme se rendit à Tours comme prisonnier, et fut peu après condamné à mort par le tribunal révolutionnaire; sa femme le suivit deux mois après !

« Conservant à la guerre la bonté caractéristique de leur caractère, dit la marquise de La Rochejaquelein, les soldats n'ont jamais fait de cruautés, ni le moindre mal dans les villes prises d'assaut; ils semblaient les frères de ceux qu'ils venaient de combattre. C'est la religion qui produisait ce miracle.

« Après la prise de Bressuire, par exemple, les soldats se réunirent plusieurs dans les chambres pour réciter à genoux le chapelet, ce qu'ils faisaient, autant que possible, trois fois par jour. Bressuire ne fut point pillé à l'exception de trois ou quatre maisons où l'on cassa les meubles. »

Dans la guerre de Crimée si rapprochée de nous, les relations les plus diverses n'ont enregistré aucun fait de nature à engendrer la haine ou le ressentiment des deux peuples; Français et Russes se louent également des égards de leur adversaire. Nous avons vu dans notre jeunesse des soldats prisonniers, libres sur parole, chez des propriétaires qui les hébergeaient convenablement, et payaient le salaire des ouvriers à ceux qui désiraient travailler; on eût dit une famille, et quelques Russes, après la paix, sont demeurés au pays où ils trouvaient un établissement avec un métier lucratif.

L'un des officiers français écrit à sa mère une lettre significative qu'a reproduite le capitaine Perret (1) et dont nous citerons quelques lignes :

Simféropol, le 3 mai 1855.

... « Comme vous pouvez le penser, les lettres que je reçois ou que j'écris sont lues par l'autorité russe; mais celle-ci sera portée en France par un de mes camarades de captivité... Ce que je vais vous écrire, cette fois, ne passera pas sous les yeux de l'autorité, et vous pouvez le regarder comme exprimant ma véritable position. Du reste, je vous dirai une fois pour toutes, que ce que je vous écrirai, dans toutes les circonstances, sera entièrement vrai; mais je ne pourrai pas toujours vous faire savoir tout ce que je voudrais.

« Vous saurez, ma bonne mère, que j'ai été pour ainsi dire fêté à Sébastopol. Les grands surtout ont témoigné beaucoup de sympathie aux prisonniers. Les généraux et les princes rivalisaient de politesse, et les officiers subalternes se sont conduits avec nous, comme avec des camarades. En un mot, il ne m'a manqué là-bas, et il ne me manque ici que la liberté, la famille, la patrie, trois choses que les meilleurs cœurs ne peuvent nous rendre. »

---

(1) *Récits de Crimée*, p. 398. — Les pages qui suivent cette citation contiennent les détails les plus intéressants.

II

Mais entre ces deux époques extrêmes, le vieux droit romain et le règne victorieux du christianisme, se place cette longue période de la lutte des barbares musulmans contre la croix de Jésus-Christ.

« On connait les succès et les revers qu'éprouvèrent, tour à tour, en Orient, les guerriers chrétiens connus sous le nom de *Croisés*. Un grand nombre d'entre eux, par les chances de la guerre, tombaient entre les mains des infidèles et devenaient esclaves. En même temps, des corsaires maures infestaient les mers, et s'emparaient des équipages et des passagers qu'ils entassaient ensuite dans les cachots infects de Maroc, d'Alger ou de Tunis. Ces infortunés ne sortaient de là que pour aller faire dans la ville et dans les campagnes, le service des bêtes de somme. A ces maux physiques venaient se joindre les violences morales, par lesquelles on cherchait à arracher de leur âme la foi chrétienne et à faire d'eux des apostats (1). »

La religion seule était assez puissante pour sauver ces tristes victimes de la perte éternelle, et lutter contre la barbarie musulmane.

La France, choisie de Dieu pour porter dignement son titre glorieux de *Fille aînée de l'Eglise,* était destinée par la Providence à exécuter la première ce grand dessein de

---

(1) *Petits Bollandistes,* t. II, p. 392.

la *Rédemption des captifs.* En effet, si d'autres ordres se sont voués également à un si noble ministère, nous devons nous réjouir en pensant que deux saints français en ont reçu la première mission.

L'un d'eux est Hugues, fils du comte de Valois et de la noble Eléonore, sœur de notre poëte-prince Thibaud, comte de Champagne et de Blois. Cet enfant prédestiné devait régner sur deux de nos plus riches provinces, mais il méprisa les honneurs du « plus beau royaume après celui du Paradis » pour se consacrer entièrement au service des pauvres.

La pieuse Eléonore, inspirée de Dieu, avait porté l'enfant à Clairvaux, pour y recevoir de saint Bernard la bénédiction solennelle qui le consacrait à la Très Sainte Vierge, à cet âge de trois ans, que Marie avait choisi pour accomplir elle-même sa *Présentation au Temple.* Sous la double protection de la Reine du Ciel et de sa pieuse mère, Hugues se montrait pur, charitable, séduisant de grâces et de beauté. Pour apaiser ses cris enfantins, il suffisait de lui présenter quelque objet à donner aux pauvres ; si des bras de sa nourrice il voyait les serviteurs distribuer des aumônes, il leur arrachait en quelque sorte les vivres pour les offrir avec joie aux indigents. Plus il grandissait, plus il s'adonnait aux bonnes œuvres ; non content de se faire le ministre du Comte son père, il inventait mille moyens de se priver secrètement pour enrichir les malheureux. Sur la table servie avec abondance, l'enfant choisissait les meilleurs morceaux ; puis, se levant comme pour causer, il portait aux pauvres avec respect tout ce qu'il avait pu amasser, disant « qu'à tous les autres devoirs il faut préférer ceux qu'on est tenu de rendre à Notre Seigneur lui-même, présent dans la personne des pauvres. »

Lorsqu'il rencontrait un mendiant mal vêtu, Hugues

« Comment pourrais-je vous plaire davantage ? » (Paga 91.)

trouvait quelque prétexte pour s'éloigner des serviteurs, et donnait jusqu'à ses habits ; tout ce que son oncle, Thibaud de Champagne, lui réservait, tout ce qu'il en obtenait par ses instances, il le distribuait libéralement, et le Comte disait aimablement que « son neveu le verrait « volontiers devenir pauvre, pour que les pauvres « devinssent riches. »

La compassion semblait née avec lui ; sans souci de ses propres incommodités ou de ses propres souffrances, il ne songeait qu'à consoler les peines des affligés, en particulier des captifs même criminels, dont il obtenait la conversion et quelquefois la liberté. Hugues avait à peine dix ans, lorsqu'il apprit la condamnation à mort d'un malheureux assassin jusqu'alors impénitent. Se rendre dans le cachot du criminel, le ramener à Dieu, lui inspirer une véritable horreur de ses forfaits et une sincère contrition, fut pour le saint enfant la plus douce partie de cette œuvre, mais non la plus méritoire. Sorti du cachot, il se mit en prière, et offrit à Dieu de satisfaire lui-même à sa justice pour tous les crimes du misérable, s'il obtenait que cet homme devînt un *saint*. Dieu ne pouvait rester sourd à l'héroïque offrande du noble enfant, il lui répondit : « Le coupable, dont tu as entrepris la conversion, vivra, et il deviendra un saint anachorète. »

Ravi d'une telle promesse, Hugues se rend chez son oncle, lui découvre le secret de la révélation, et obtient à force de larmes la grâce du condamné qui, se retirant aussitôt dans le désert, termina ses jours dans la plus rude pénitence.

Mais l'épreuve que l'enfant avait acceptée devait l'atteindre dans ce qu'elle a de plus amer pour un fils noble de race, tendre de cœur et chrétien. Dieu veut, en effet, que les saints, nos protecteurs et surtout nos modèles, soient des exemples dans tous les combats de la vie ; ils nous crient bien haut pour soutenir notre courage : « Quoi ! ne pourrez-vous pas ce que nous avons pu ? »

Hugues était arrivé à l'âge où l'honneur d'une famille doit prêter à la richesse l'appui réel, pour décider l'avenir d'un jeune homme ; le Comte, entouré de l'amour des populations, fut frappé cruellement par l'abandon scandaleux de son père, qui renvoya Eléonore pour épouser la seconde fille du duc d'Aquitaine.

Le divorce, mot ignoble, signifiait, comme il signifie encore, le plus criminel des forfaits : celui qui, en détruisant la famille chrétienne, attire la malédiction de Dieu sur les coupables. Les peuples religieux, *même païens*, n'ont jamais autorisé le divorce ; plusieurs ne le connaissaient pas ; et la loi de l'ancienne République romaine ne contenait pas un article concernant le honteux divorce, regardé comme une monstruosité de la nature elle-même.

Le comté de Vermandois mis en interdit (1), le malheureux père de notre saint excommunié, sa pieuse mère méprisée, les divisions entre ses sujets, sa propre jeunesse, obstacle à toute action près de son père, détachèrent Hugues des choses humaines ; il remit à son oncle le soin de ramener le coupable, et se réfugia lui-même à Clairvaux pour y ménager dans la prière des intelligences efficaces avec la cour céleste.

La sainteté du jeune religieux, sous la conduite de saint Bernard, lui attira bientôt l'estime de ses frères ; c'était une épreuve nouvelle que son humilité ne pouvait souffrir ; il résolut de quitter le monastère et, muni de l'autorisation de saint Bernard, il visita d'abord son oncle à la cour de Champagne et lui manifesta le désir de

---

(1) Sentence de l'Eglise qui, en punition de crimes publics, défend l'exercice du culte religieux et l'administration des sacrements, jusqu'à la pénitence des coupables.

voyager en Italie. Thibaut forma aussitôt une escorte digne de la naissance de son neveu et l'engagea à parcourir d'abord les Alpes, dont les curieuses magnificences étaient encore peu connues. Le jeune comte mûrissait secrètement un plus noble dessein ; partout il s'informait des saints qui habitaient les montagnes, de la vie des solitaires et de leurs vertus. Enfin, ayant su qu'un anachorète s'était enfoncé dans une grotte dont personne n'avait pu trouver le chemin, il quitta de nuit son escorte, et, lui faisant prendre le change, il demeura dans la montagne.

Après l'avoir inutilement cherché plusieurs jours, les serviteurs pensèrent qu'il était tombé dans un précipice. Cependant Hugues avait, par le secours de Dieu, trouvé le solitaire ; et pour mieux cacher sa naissance, il demeura près de lui sous le nom de *Félix* qu'il choisit pour témoigner de son bonheur au service de Dieu. Les pratiques de la plus austère pénitence, de la plus héroïque obéissance, de la prière continuelle remplissaient les jours et la plupart des nuits des deux solitaires ; le vieillard voulut que Félix fût ordonné prêtre et mourut entre ses bras. Peu après, et sur l'ordre de Dieu, Félix rentra en France et s'établit au diocèse de Meaux dans la forêt de Cerfroi alors inaccessible. Privé de toute autre nourriture que des racines sauvages, éloigné même d'une demi-lieue d'une source d'eau, Félix étudiait dans la prière les perfections de Dieu, et lui demandait de connaître toujours sa volonté. La seule récréation qu'il se permît était de prendre ses repas au bord de la fontaine en compagnie de saint Jean de Matha que Dieu lui avait adjoint miraculeusement.

CHAPITRE VI

La Rédemption des Captifs.

I

SAINT JEAN DE MATHA

Deux époux, héritiers d'une des plus grandes familles de Provence au xii° siècle, gémissaient de n'avoir pas d'enfants et multipliaient leurs aumônes avec leurs vœux. Dieu leur envoya enfin un fils, que la pieuse mère élevait avec une sorte de respect comme l'enfant de la prière. Ne pouvant se résoudre à quitter son plus précieux trésor, le seigneur du Faucon se rendit à Marseille pour y surveiller les études du petit Jean. Tandis que son père lui ouvrait sans danger le chemin de la bonne société, sa mère lui enseignait la pratique de la charité, le conduisant aux prisons, aux hôpitaux, au foyer du pauvre, lui faisant remarquer que les riches sont les économes des malheureux, et les images de la Providence de Dieu venant à leur secours.

L'enfant retenait toutes les leçons, mais son cœur, déjà consacré à Marie, ne se trouvait à l'aise que dans la compagnie des pauvres ou dans la maison de Dieu.

Remarqué pour sa belle taille, ses bonnes manières et les traits angéliques de sa physionomie, Jean ne se laissa séduire par aucun attrait trompeur. Il ne se contentait pas de renouveler incessamment sa consécration à la sainte Vierge, il s'efforçait encore de montrer à ses amis la gloire et le bonheur d'une jeunesse sans tache ; il leur témoignait tant de chagrin de leurs chutes, tant de joie de leurs victoires, que plusieurs étudiants demeuraient exemplaires pour ne pas lui causer de la peine.

Rentré au château, Jean passait la plus grande partie de son temps dans la retraite ; il comprit bientôt que pour servir Dieu plus efficacement, pour lui gagner de fidèles serviteurs, il devait perfectionner ses études ; il sollicita donc l'autorisation de se rendre à Paris dont l'Université était la première du monde. Maurice de Sully se préparait à poser les fondements de son église cathédrale ; les abbés de Saint-Victor et de Sainte-Geneviève brillaient par leur science comme par leurs vertus ; ils accueillirent avec joie le fils du seigneur de Provence, leur ami commun ; Jean se mit sous la conduite du saint évêque, choisit avec soin quelques amis laborieux entre lesquels Lothaire de Segni, de la famille des Conti, qui fut depuis le grand pape Innocent III.

Maurice de Sully ne se borna pas à surveiller les études de Jean ; on sait que l'Université dépendait alors, et jusqu'au XVI° siècle, de la métropole, et que l'évêque de Paris conférait les grades avec la *licence*. Il engagea son pieux disciple à entrer dans les ordres, et lui imposa solennellement les mains. Au moment où il prononçait les paroles sacrées : « Recevez le Saint-Esprit, » l'assistance émue vit une colonne lumineuse sur la tête de Jean. Le bruit de ce prodige ayant attiré à sa première messe une foule curieuse, pour la seconde fois, tous aperçurent distinctement une auréole brillante sur la tête du saint, dont les regards enflammés ne se détachaient pas de l'adorable hostie, où il semblait contempler à découvert la divine victime.

Maurice de Sully usa de son autorité sur le nouveau

prêtre pour lui demander ce que Dieu lui avait appris pendant la messe ; Jean de Matha répondit humblement : « Puisque vous me l'ordonnez, mon père, je vous avoue que l'ange du Seigneur m'est apparu, revêtu de blanc, et portant sur la poitrine une croix aux deux couleurs, rouge et azur ; à ses pieds, deux esclaves, l'un maure, l'autre chrétien, imploraient leur délivrance et l'ange les couvrait de ses mains croisées. »

Le récit de cette vision miraculeuse ayant attiré l'attention sur Jean de Matha, il quitta secrètement Paris pour chercher la solitude dans les forêts. Dieu qui fait servir aux desseins de sa Providence les évènements les plus contraires, dirigea les pas de son serviteur vers les montagnes de Cerfroi qu'habitait déjà le pieux solitaire Félix de Valois. Intérieurement éclairés, les deux saints éprouvèrent à la fois une émotion sainte ; après avoir prié longtemps, ils ouvrirent leur cœur devant Dieu et admirèrent les voies mystérieuses qui les avaient conduits au même but.

Mais bien loin de rien précipiter, ils demeurèrent trois ans dans cette profonde solitude, se livrant à tous les exercices de la pénitence et vaquant incessamment à la prière. Un jour que, selon leur coutume, après avoir pris le repas au bord de la fontaine, ils s'entretenaient de choses spirituelles, un cerf blanc, sorti de la forêt, se désaltéra longuement à la source ; il portait entre ses cors une croix rouge et bleue, en tout semblable à celle que l'ange avait montrée à saint Jean de Matha.

Tombant à genoux, les deux saints prolongent ensemble leur fervente prière, et Dieu leur fait comprendre qu'ils doivent unir leurs efforts pour *racheter les captifs*. Sans retard, ils se rendent à Paris pour consulter l'évêque, qui les envoie à Rome où Lothaire de Segni venait de ceindre la tiare sous le nom à jamais illustre d'Innocent III.

Logés au palais même de Latran, les deux amis s'entretinrent longuement avec le Pape, puis avec les membres du Sacré-Collège ; des supplications solennelles furent ordonnées par le Saint-Siège pour obtenir que Dieu manifestât sa volonté.

O prodige ! pendant la messe publique, un ange se montra au Pape de la même manière qu'à saint Jean de Matha, et lui intima l'ordre d'imposer aux deux saints l'habit que Dieu leur destinait.

Après quatre jours de jeûne, Jean et Félix se vouèrent solennellement au rachat des esclaves, et revêtirent l'habit sous la protection de Marie au jour de sa Purification. Le Pape voulut présider la cérémonie, il en expliqua le touchant symbolisme avec celui du vêtement, dont la triple couleur rappelle la pureté du cœur, la pénitence et la charité ; enfin, il voulut en donnant un nom au nouvel Ordre, le placer au rang des grandes institutions de l'Eglise et il l'appela : *l'Ordre de la Très Sainte Trinité pour la rédemption des captifs*.

Restait à choisir une règle avant même de commencer l'exercice de leur généreux apostolat. Les deux saints fondateurs retournèrent à Paris pour agir de concert avec l'évêque, et consulter les savants qui illustraient l'Université.

L'arrivée de Jean causa une grande joie à ses anciens amis ; plusieurs docteurs voulurent le suivre dans son héroïque immolation, et se retirèrent à Cerfroi sous la conduite de Félix de Valois pour s'y exercer à la pratique religieuse en attendant que la règle fût écrite. Aucune des épreuves auxquelles on les soumit ne rebutèrent les fervents novices, et aussitôt que les constitutions eurent été approuvées (1198), Jean de Matha établit à Rome une maison de l'Ordre en outre de l'abbaye de Cerfroi. Il lui tardait de commencer l'œuvre du rachat ; mais Innocent III l'envoya d'abord comme sous-légat en Dalmatie. Au retour, le saint qui avait refusé toute récompense, en reçut de Dieu la plus consolante pour son zèle : deux religieux de la Sainte-Trinité lui ramenèrent à Marseille cent quatre-vingt-dix esclaves délivrés.

« La procession de ces captifs avait pour les Marseillais un intérêt vraiment dramatique. Ces rachetés, marchant deux à deux, les mains encore mutilées de fers, montrant les traces sanglantes des coups qu'ils avaient reçus, suivaient en pleurant de joie leurs chers rédempteurs. »

Ces pauvres captifs venaient du Maroc, et les détails qu'ils apprirent au saint fondateur l'enflammèrent d'un tel zèle, qu'il abandonna sur-le-champ toutes ses œuvres pour courir au rachat des malheureux qui n'avaient pu être délivrés encore. C'est à Tunis, alors la plus cruelle des villes du littoral africain, que Jean de Matha se rendit d'abord. Le gouverneur montrait le fanatisme le plus barbare dans sa conduite envers les esclaves chrétiens. Le saint osa se présenter devant lui et son éloquence persuasive obtint la délivrance de cent-dix esclaves, mais à un prix tellement élevé, qu'il dut laisser un nombre de captifs plus grand encore dans les fers. Avant de partir, il visita les chrétiens, leur donna des vêtements et les exhorta à mourir plutôt que d'abandonner la foi.

Les cruels ennemis du nom chrétien ne reculèrent pas devant une lâche agression : profitant de la solitude du saint, ils se ruèrent sur la victime désarmée, couvrirent saint Jean de blessures et le croyant mort ils l'abandonnèrent nageant dans son sang. Mais par un véritable prodige, il se leva bientôt, continua au bout de quelques jours l'exercice de son héroïque charité, et reprit enfin le chemin de l'Italie avec un grand nombre de captifs, auxquels il rendait avec la liberté, la patrie et la famille.

Cependant la délicate prévoyance du zélé rédempteur, avait compris que les esclaves rachetés à haut prix étaient eux-mêmes si pauvres pour la plupart, que les voyages si longs, si pénibles et si coûteux alors, épuisaient les ressources et les forces des malheureux. Il songea donc et parvint à créer une confrérie de pieux laïques, qui recueillaient partout des aumônes, en administraient les sommes considérables, et après avoir pourvu au rachat des chrétiens leur fournissaient de quoi se rendre en leur pays, soignaient les malades dans les hôpitaux et les faisaient arriver par étapes à leur demeure.

Les esclaves rachetés racontaient partout les horribles détails de leur captivité, le dévouement des religieux Trinitaires; les établissements se multiplièrent en Italie, dans le midi de la France encore infesté de barbares musulmans, et en Espagne. La fondation de Marseille en 1202 prit une grande importance; quatre religieux se tenaient sans relâche près du port pour y attendre l'arrivée des esclaves, et pourvoir aussitôt à leurs premières nécessités. Jean de Matha parcourait tour à tour les côtes de la France, celles de l'Italie, de l'Espagne, où le roi de Castille l'avait en grande vénération.

Un jour que Don Alonzo lui présentait ses jeunes enfants à bénir, le saint tomba dans un ravissement extatique, et posant ses mains sur la tête de l'infant, prédit que le petit prince, alors dans sa septième année, était prédestiné de Dieu; il annonça au roi de grandes victoires, et le triomphe futur de la catholique nation, sur le croissant jusque-là maître de la Péninsule. Quatre ans après, l'armée chrétienne était victorieuse à Tolosa. Dans la suite Don Fernand, devenu Ferdinand III, devait être invoqué par l'Eglise universelle sous le nom de *saint Ferdinand*.

II

Le coopérateur de Jean de Matha, saint Félix de Valois, déployait le même zèle au nord de la France, et d'autres Trinitaires continuaient à Tunis la mission pénible du rachat des esclaves. Le Pape multipliait les privilèges déjà concédés à l'Ordre, et le mettait solennellement sous la protection de l'univers chrétien. Ces faveurs excitèrent encore l'ardeur des religieux.

Saint Jean de Matha s'embarque de nouveau pour Tunis, car la trêve entre l'Espagne et les Musulmans va finir, il veut être là pour racheter les captifs, plus exposés que jamais aux cruelles représailles de leurs geôliers : le gouverneur consent à recevoir l'or des Rédempteurs et déjà les esclaves vont s'embarquer, lorsque leur rançon est doublée et la populace les enlève jusqu'à complet paiement.

Jean ne pouvait payer la somme exorbitante ; il se défend, il réclame... mais en vain. Alors il se prosterne, fondant en larmes devant une image de la sainte Vierge qu'il portait constamment sur la poitrine ; avec ses compagnons il prie la Mère du Ciel de ne pas abandonner ses enfants, il invoque cette toute-puissante protectrice, dont une seule parole terrasse les ennemis rangés en bataille... Tout-à-coup le saint baisse les yeux, et trouve à ses pieds la somme nécessaire pour acquitter la double rançon.

Mais que ne peut l'esprit du mal? Les infidèles se portent au navire; en un instant il est désemparé, les voiles sont mises en lambeaux ; le gouvernail, les rames sont brisés... mais le saint ne s'arrête pas ; il monte avec ses chers esclaves les débris du vaisseau. Les moqueries, les huées des musulmans disent assez leur joie cruelle, car ils attendent que les flots engloutissent les chrétiens. Quant aux captifs, ils travaillent avec les tronçons des mâts à gouverner le navire, tous prient en même temps avec ferveur ; Jean déploie son manteau que la brise enfle aussitôt, il se jette à genoux tenant son crucifix et invoque Marie, *étoile de la mer*. Enfin, à la stupéfaction des Turcs, le pauvre navire s'ébranle, il s'éloigne, il disparaît, et en moins de deux jours il entre au port d'Ostie où le peuple chrétien le reçoit avec actions de grâces.

Jean se dérobe aux acclamations, visite les malades, assure le voyage des captifs, se multiplie dans l'exercice de la charité. Il était encore à Rome, lorsque l'envoyé du roi de Castille y arrive pour solliciter du pape Innocent III le secours puissant de la prière catholique, contre les bandes toujours croissantes des Sarrasins envahisseurs. Innocent III ordonne en effet des supplications solennelles, pendant que le légat fait au nom du Saint-Siège appel aux guerriers chrétiens ; Jean de Matha visite les maisons de son Ordre, désigne les religieux qui devront suivre les troupes, recueille les aumônes, les distribue plus libéralement que jamais, et réclame les ferventes prières de saint Félix de Valois, alors âgé de quatre-vingt dix ans.

Saint Félix, le conseil de toute la contrée, le médecin de tous les malades, l'arbitre de tous les différends, l'ami et le pourvoyeur des pauvres, le père d'une foule de bons religieux, réussissait encore dans toutes les entreprises matérielles, grâce aux libéralités de sa famille et des seigneurs qui fournissaient abondamment le monastère de Cerfroi.

Le démon l'attaqua violemment par ces succès même, lui inspirant des pensées de vaine estime de ses travaux ou de ceux de l'Ordre, inquiétant les religieux par des suggestions semblables ou par le dégoût de la solitude ; enfin, maltraitant Félix, il le laissait meurtri de coups dans sa pauvre cellule. Le pieux moine, après avoir passé une partie de la nuit devant le Saint-Sacrement, terminait ordinairement sa prière dans la chapelle de la Très Sainte-Vierge, qu'il invoquait le plus souvent sous le nom de *Notre-Dame du Secours* ou du Remède, pour témoigner que par elle nous obtenons remède à tous les maux.

« Enfin, le sort des armes allait être tenté dans les plaines de Tolosa ; des troupes nombreuses ne tardèrent pas à s'y rassembler. Les Dauphinois surtout, dont les pères avaient eu tant à souffrir des hordes sarrasines, prirent, disent les historiens, une glorieuse part à cette grande bataille et se distinguèrent par leur brillante valeur. On forma plusieurs corps d'armée, et, pendant que les généraux choisissaient des positions avantageuses, le supérieur des Trinitaires préparait tout à Tolède pour le service des malades et des blessés. Enfin, le 16 juillet 1210, les clairons se font entendre, les deux armées se heurtent, les chrétiens s'élancent comme des lions sur les musulmans, enfoncent leurs bataillons et couvrent de leurs cadavres le champ de bataille. La victoire fut complète. »

C'était la dernière joie terrestre du saint fondateur ; à peine revenu à Rome il y apprenait la mort de Félix de Valois, mais tandis qu'il pleurait son ami, il fut ravi en extase et contempla le Bienheureux dans la gloire où il donnait rendez-vous au saint dans le cours de l'année. Plein de joie, mais toujours fidèle à son saint Ordre, Jean rassembla les religieux et leur donna les derniers conseils pour l'extension de sa famille religieuse. Consumé en trois jours par une fièvre ardente, il voulut faire creuser sa fosse, reçut les sacrements, renouvela ses adieux aux Trinitaires désolés, et leur recommanda avec la brûlante charité qui enflammait son cœur, leur grande œuvre de rédemption ; après quoi, il s'endormit plein de mérites le 17 décembre 1213, âgé seulement de cinquante-trois ans.

Les Trinitaires ont pour armes l'écu de France aux fleurs de lis sans nombre, chargé en abîme d'une croix gueule et azur. Deux cerfs servent de support.

CHAPITRE VII

Notre-Dame de la Merci.

I

SAINT PIERRE NOLASQUE

Presque à la même date, Simon de Montfort, général de la croisade contre les Albigeois, venait de remporter à Muret une victoire décisive sur les hérétiques soutenus par les comtes de Toulouse, de Foix, de Comminges, et par Pierre, roi d'Aragon. Ce prince ayant succombé dans la lutte laissait aux mains du vainqueur, Jacques, enfant de six ans, roi par la mort de son père, et déjà prisonnier. Mais Simon, loin d'abuser de la victoire, renvoya en Espagne le petit Jacques, confiant l'éducation du royal enfant aux soins de Pierre Nolasque, l'un des plus vaillants officiers de l'armée catholique.

Non seulement le pieux précepteur s'acquitta des devoirs de sa charge avec zèle, mais il inspira au jeune prince les plus admirables sentiments d'amour de Dieu, de dévouement à ses sujets, à la justice et aux pauvres. Pénétré lui-même de compassion pour les victimes de la guerre, il songeait à se livrer pour leur rançon ; mais retenu à la cour qu'il embaumait de ses vertus, il voulut au moins réunir en une sorte de congrégation les personnes riches de sa connaissance, pour les faire contribuer au rachat des prisonniers, à la rédemption des esclaves.

Un jour que pendant la prière, il épanchait son cœur devant Dieu, il vit un olivier superbe, couvert de fleurs et de fruits que deux saints vieillards lui commandaient de bien garder.

Une autre fois qu'il avait prolongé son oraison bien avant dans la nuit, une radieuse apparition l'assura que « le bon plaisir de Dieu était qu'il entreprît la fondation d'un ordre religieux destiné, sous le nom de *Notre-Dame de la Miséricorde*, à retirer les fidèles esclaves des mains des barbares. »

« Qui êtes-vous, demanda Pierre, pour savoir ainsi les secrets de Dieu ? Et qui suis-je, moi, pour remplir une telle mission ? »

« Je suis, répondit la Très sainte Vierge, Marie, la Mère du *Rédempteur du monde* ; et je veux avoir une nouvelle famille, qui fasse en quelque façon le même office pour l'amour de mon divin Fils, en faveur de ses frères captifs. »

Tombant à genoux à ces consolantes paroles, Pierre adora les desseins de Dieu, et tressaillant de joie d'avoir été choisi pour une si noble entreprise, il informa aussitôt le roi de sa vision ; mais quelle ne fut pas sa surprise, quand il sut que la même nuit et à la même heure, Jacques d'Aragon et le dominicain Raymond de Pennafort avaient reçu les mêmes ordres de leur auguste Souveraine. Cet évènement se passait le 1" août dans la première moitié du XIII° siècle.

Dès le 10 du même mois, le roi, saint Raymond, toute la cour et les magistrats de la ville, accompagnaient à la cathédrale de Barcelone le saint fondateur. On chanta le *Te Deum*, et Raymond dévoila solennellement au peuple la triple révélation touchant l'institution de l'Ordre de *Notre-Dame de la Merci* pour le rachat des captifs.

Le bienheureux Pierre et avec lui deux seigneurs qui

« Chacun son signe. » (Page 229.)

depuis longtemps recueillaient avec zèle les aumônes, prononcèrent, outre les vœux ordinaires de religion, un quatrième engagement par lequel ils s'obligeaient à sacrifier leurs biens, et même leur liberté, pour la délivrance des prisonniers.

Cependant le roi non content de donner aux religieux une superbe église et le moyen de fonder un monastère, se fit réserver dans le couvent de la Merci un appartement où il aimait surtout à résider. Le bienheureux Pierre ne sortait jamais que pour les nécessités pressantes de l'Ordre ou du royaume; après avoir longtemps prié et prudemment négocié toutes choses, le saint fit nu-pieds le pèlerinage de Notre-Dame de Monserrat, pour attirer la bénédiction de la sainte Vierge sur l'entreprise qu'il méditait. De retour au monastère, il embrasa ses frères du feu de l'apostolat, et résolut de passer les mers pour délivrer les captifs dans les pays infidèles; car ce n'était point assez, disait-il, de racheter en Espagne les esclaves des Maures.

Et pourtant, au cours de ses excursions dans le royaume de Grenade ou à Valence, les Rédempteurs avaient délivré plusieurs centaines de chrétiens, et contribué par leurs prières aux succès des armes royales. En reconnaissance, Jacques d'Aragon fit bâtir près du château d'Uneza une église avec un monastère, en l'honneur de Notre-Dame qui avait béni ses armes. Pendant qu'ils creusaient les fondations, les ouvriers remarquèrent à quatre fois différentes, et toujours le samedi, des lumières brillantes descendant du ciel et se perdant au même endroit dans la terre. On dirigea les travaux de ce côté, et bientôt on trouva sous une cloche une image merveilleusement belle de la Mère de Dieu; le saint la serra avec amour entre ses bras et elle est depuis honorée sous le nom de *Notre-Dame del Puche*. C'est à sa confiance de cette miraculeuse invention, que le roi dut d'achever heureusement le siège de Valence.

Quant au saint fondateur, il ne trouvait point en Espagne, où ses éminentes vertus le faisaient partout chérir, de quoi rassasier ses désirs de souffrance ; il passa donc en Afrique, sur la côte algérienne, repaire de pirates qui cherchaient non seulement les esclaves, mais les chrétiens libres.

Un jour, Pierre descendu dans les basses-fosses des Turcs y visitait les captifs, lorsqu'il entendit les cris de joie des infidèles accourus sur le port à l'arrivée d'un navire. Pierre suivit la foule pour découvrir la cause de cette allégresse barbare. Au nombre des captifs qu'il racheta aussitôt, le saint découvrit une noble dame catalane, Thérèse de Vibaure ; pour la liberté de ces pauvres prisonniers, il offrit une double rançon et écrivit en Espagne que l'argent manquait. En attendant la réponse, il avait permission de consoler les captifs ; mais eux ne pouvant supporter la longueur de la cruelle prison, traitèrent secrètement avec un Juif qui les fit passer en Espagne. Furieux d'être déçus dans leurs criminelles espérances, les pirates s'étant saisis de Pierre Nolasque l'enfermèrent dans la basse-fosse ; mais le saint, heureux de remplir jusqu'au bout l'office de rédempteur, s'offrit volontiers pour les fugitifs, pendant qu'un religieux, son compagnon, irait demander la somme convenue. Le cadi (juge) préféra retenir le religieux, et feignit de délivrer saint Pierre pour qu'il se rendît en Espagne ; mais il cachait ainsi le plus infâme dessein : en effet, il chargea des matelots de conduire en mer le saint prisonnier, de l'y abandonner sur une barque sans voiles ni gouvernail, faisant eau de tous les côtés.

A peine avaient-ils perdu de vue les côtes qu'un violent orage s'étant élevé, les matelots firent passer sur la barque perfide le moine qu'ils semblaient conduire. Pierre Nolasque, confiant dans le secours du Dieu auquel il dévouait sa vie, se tenant debout au lieu du mât et faisant voile de son manteau, traversa la mer en peu d'heures et aborda au port de Valence. Un si éclatant miracle donna une efficacité merveilleuse aux efforts de sa charité ; il eut promptement recueilli la rançon des captifs, et les ramena plein de joie à Valence.

Le nombre des religieux augmentait chaque jour ; aussi le saint assuré désormais de leur zèle, se renferma dans le monastère pour y prier, y reprendre les humbles ministères des novices et des frères, tout en distribuant à la porte les aumônes quotidiennes, auxquelles il ajoutait les exhortations de sa charité, pour l'avancement des âmes dans les voies de la patience et de l'amour de Dieu.

La Très Sainte Vierge se plaisait à récompenser l'humilité de son pieux serviteur. Un soir, pendant le chant du salut, il lui sembla que le nombre des religieux était petit en comparaison des œuvres auxquelles il les avait destinés ; il se plaignit à la sainte Vierge et lui demanda d'augmenter le nombre des enfants dont elle était la Mère. Aussitôt on entendit une voix qui disait distinctement : « Ne craignez pas, petit troupeau, car il a plu à votre Père de vous donner son royaume. » Grandement consolé par une telle promesse, le saint résolut de se rendre à Rome pour y vénérer le tombeau des saints apôtres ; mais saint Pierre lui apparut, le détourna de son projet et lui dit ces touchantes paroles, qui peuvent servir de guide à tous ceux dont la présence et les soins sont nécessaires à l'œuvre de Dieu, dans le monastère, dans l'Etat ou dans la famille : « Pierre, tous les bons désirs des justes ne doivent pas être accomplis en cette vie ; j'ai voulu avoir la tête en bas à ma mort, pour faire connaître à tout supérieur qu'il doit porter son esprit et sa pensée aux nécessités de ses inférieurs, à l'imitation de mon maître qui, avant de mourir, porta sa tête à mes pieds afin de les laver. »

Malgré cette vision, le saint désirait passer le reste de ses jours dans la solitude ; mais saint Raymond, son confesseur, lui assura que tel n'était pas le bon plaisir de Dieu, et la nuit même, une vision lui montra une multitude d'élus de *toutes les conditions* qui entraient par son moyen au Paradis.

Les mérites de Pierre Nolasque avaient porté sa renommée jusqu'en France. Le roi saint Louis désira l'entretenir, et le saint le rejoignit en Languedoc, lors de la guerre du pieux monarque contre le comte de Toulouse (1243). Les deux âmes de ces grands apôtres de la foi se comprirent et se lièrent d'une profonde amitié ; ils nourrissaient un même dessein pour la délivrance de la Terre-Sainte, et la liberté des chrétiens d'Orient ; enfin lorsque saint Louis eut achevé de préparer la croisade, il supplia Pierre Nolasque de se joindre à l'expédition par laquelle il espérait conquérir la Palestine.

La perspective d'un si beau triomphe de la Croix, parut ranimer les forces du vieillard ; il se leva de sa pauvre couche, disposa son voyage, et l'ardeur semblait lui rendre une nouvelle jeunesse, mais les efforts de son zèle ne firent que hâter sa mort. Il dut faire savoir au roi de France, que Dieu lui demandait un dernier sacrifice, avant de l'appeler au repos éternel.

Le jour de Noël approchait et les douleurs du saint redoublaient ; lui, cependant, unissait ses souffrances à celles de l'Enfant-Dieu dans la crèche. Tout à coup, les religieux le contemplèrent au chœur, à sa place, sans que personne l'y ait vu arriver ; il retourna ensuite à sa cellule où les convulsions l'accablèrent de nouveau. Ayant été interrogé, comment il avait pu se trouver à l'office, le saint répondit humblement qu'il en fallait remercier Dieu et sa sainte Mère, protectrice de l'Ordre.

Cette dévotion toujours plus ardente pour la Très Sainte Vierge avait soutenu sa vie ; elle consola ses derniers jours. S'unissant tantôt à l'amour de Marie, tantôt à son humilité, il s'entretenait avec les anges escortant leur Reine. Souvent, en présence de la sainteté infinie de Dieu, il soupirait quelques mots du *Miserere*. Tout à coup, jetant un tendre regard sur les religieux ses enfants, il le porta vers le Ciel, et mérita d'entrer dans la vie éternelle, au jour que Notre-Seigneur voulut bien choisir pour commencer sur la terre sa vie de Rédempteur ; c'était en la nuit de Noël de l'an 1256.

II

SAINT RAYMOND DE PENNAFORT (1)

Saint Raymond avait eu, nous l'avons dit, en même temps que saint Pierre et que le roi Jacques d'Aragon, l'avertissement de Dieu pour fonder les religieux rédempteurs. Il fut le grand propagateur de l'Ordre institué par saint Pierre Nolasque. Raymond faisait partie de l'ordre dominicain, et la renommée de ses vertus était encore au-dessous de ses vertus mêmes. Dès l'enfance il s'appliquait aux études pour arriver, au moyen de la science, à défendre comme à enseigner la vérité divine.

---

(1) Prononcez : *Pégnafort*. Ces anciens comtes de Barcelone tiraient leur nom du château de *Pégna fuerté* qui a la même signification que notre *Rochefort (rupes fortis)*.

Il professait gratuitement à Barcelone, lorsque, pour mieux connaître les lois, il se fixa quelque temps à Bologne ; pour l'y retenir, l'Université de cette ville lui assigna un traitement considérable, que le saint accepta volontiers, afin de le distribuer aux pauvres.

Cependant l'évêque de Barcelone ayant réclamé son retour, Raymond dut obéir; et reçut toutes les dignités de l'Eglise avec la même humilité, le même désintéressement, vivant dans la solitude, le travail et la prière.

Très dévoué à l'honneur de la Très Sainte Vierge, il ne se lassait pas de contempler le mystère du salut du genre humain accompli miraculeusement en elle, et il obtint que la fête de l'*Annonciation* fût célébrée solennellement à Barcelone. Mais, après avoir tout donné à Marie, Raymond résolut de se donner lui-même et entra dans l'ordre de Saint-Dominique, honoré des marques sensibles de la protection de sa divine Mère. Raymond destiné ordinairement à préparer les voies aux prédicateurs de la croisade contre les Maures, réussit d'une façon si merveilleuse, que le bien s'accomplissait comme par enchantement. Le pape Grégoire IX le choisit pour chapelain et confesseur, il lui ordonna de classer les *Décrétales* (ou lettres des Papes réglant la discipline), puis le nomma évêque de Tarragone. Mais les instances réitérées du Pape et des princes, ne purent jamais vaincre la résolution du saint, qui répondait humblement: « C'est une assez grande dignité d'être un bon religieux, je n'en veux pas d'autre. »

Peu après, contraint par la maladie de rentrer en Espagne, il y revint, après avoir rempli les plus hautes charges, aussi pauvre qu'il en était parti, et Dieu le récompensa par des miracles éclatants. Entre les plus remarquables, on cite l'exemple d'un moribond qui, ayant perdu l'usage de la parole et de la raison, se mourait sans confession. Le saint lui rendit, par une fervente prière, le temps et les moyens de se réconcilier avec Dieu, de sorte qu'à peine le mourant avait reçu tous les secours de la religion qu'il s'endormit au Seigneur.

Rentré au monastère, Raymond mit en pratique les paroles qu'il avait souvent prononcées, et malgré les vœux unanimes de ses frères qui l'avaient élu général, il se démit de cette charge après deux années de travail et sous le prétexte de son âge avancé. Pendant son généralat, il avait parcouru à pied toutes les maisons de l'Ordre, ne mangeant qu'une fois le jour, s'adonnant aux longues oraisons et assisté de son ange gardien, qui le réveillait un peu avant l'heure des matines pour le convier à la prière.

On ne saurait dire tout le bien que ce saint fit à son Ordre, à l'Eglise entière et à sa patrie terrestre. Le roi d'Aragon était très religieux, il l'envoya comme ambassadeur près du Pape Urbain IV et l'emmena souvent dans ses voyages.

Lorsque ce prince visita l'île de Majorque, Raymond s'aperçut que, malgré ses avertissements le prince donnait l'exemple de quelque scandale; aussitôt il résolut d'abandonner la cour, ne voulant à aucun prix paraître autoriser le mal par une feinte ignorance. Il se rendit donc de nuit au port, et voulut s'embarquer pour Barcelone; mais tous les matelots ayant reçu l'ordre sévère de ne pas admettre Raymond à bord, le saint s'avançant sur les rochers, prit à témoins les marins, disant : « Puisqu'un roi mortel a fait cette défense, on va voir que le Roi éternel en a ordonné autrement. »

Aussitôt, déployant son manteau sur la mer, il monta cette miraculeuse barque, plaça son bâton au milieu, y attachant le bout du manteau en forme de voile et aborda en moins de six heures à Barcelone, distante de cinquante-trois lieues. Descendant sur le rivage, Raymond reprit son bâton, remit sur ses épaules le manteau demeuré sec, et rentra paisiblement au monastère. Bientôt la nouvelle d'un si grand miracle s'étant répandue, bon nombre de pécheurs se convertirent, entre les autres le roi Jacques, qui répara le scandale momentané de sa conduite par une sincère pénitence.

Les saints conçoivent encore mieux que les pécheurs une idée juste de la sainteté divine; et pour paraître avec confiance devant le Juge souverain de tous les hommes, ils se préparent toute leur vie au compte redoutable qu'il en faut rendre un jour. Notre saint, malgré les immenses travaux apostoliques par lesquels il avait contribué à la conversion de dix mille infidèles, comme au retour de pécheurs presque innombrables dans la charge de grand pénitencier, malgré les éminentes vertus d'une longue vie, employa ses trente-cinq dernières années depuis son généralat au souvenir de sa fin dernière. Il y arriva enfin dans la centième année de son âge, l'an 1275, après une courte maladie, dernier souffle de la nature qui suffisait à éteindre une si brillante lumière.

III

SAINT RAYMOND NONNAT

Un noble seigneur de Catalogne, du nom des Sarrois (ou de Segers), allié aux plus illustres familles de Foix et de Cardone, venait de perdre sa jeune femme d'une maladie extraordinaire, et les médecins affirmaient que son fils devait également mourir. Le père, douloureusement atteint dans ses plus chères affections, fit néanmoins donner le baptême à l'enfant, conservé par Dieu même pour la gloire de l'Eglise, et la charitable rédemption des captifs.

Il avait à peine l'âge de raison que, privé de sa mère, Raymond se tournant vers la Sainte Vierge, la nommait « sa mère bien-aimée, la consolation de son âme, la protectrice de sa vie ; » lorsqu'il apercevait son image, il s'élançait vers elle, et, devenu plus grand, la saluait avec un respect, une tendresse toute filiale. Le père admirait de si heureuses dispositions, mais il redoutait pour son fils l'appel de Dieu, et la solitude que cet appel renouvellerait au foyer domestique : De sorte que, interrompant tout-à-coup les études de Raymond, il lui confia l'administration d'une métairie. Le jeune homme, détourné du but de sa vie, accepta courageusement l'épreuve, regardant la décision de son père comme l'expression de la volonté de Dieu.

Il choisit dans la ferme, le soin de conduire les troupeaux aux champs, dans les montagnes et les forêts ; s'éloignant le plus possible de la société des autres pâtres, il se plaisait à s'entretenir avec la Très Sainte Vierge dans une prière fervente ; il s'adressait familièrement à elle dans ses ennuis, ses difficultés et ses tentations ; ayant même rencontré dans la montagne une petite chapelle et une sorte d'ermitage, il s'y retirait souvent. La Sainte Vierge, pendant les longues heures que Raymond passait à ses pieds, le faisait remplacer à la garde du troupeau, par un ange sous la forme d'un jeune berger ; car le secours ne manque jamais aux fidèles serviteurs de la Reine des Anges.

Cependant, les petits compagnons de l'enfant, contrariés de le voir fuir leur société et curieux de découvrir le secret de ses absences, le suivirent de loin jusqu'à l'ermitage ; quel ne fut pas leur étonnement de voir Raymond bientôt absorbé dans la prière, prosterné et tout hors de lui devant l'image de la Sainte Vierge. Plusieurs de ces pâtres, touchés d'un tel spectacle, ne purent empêcher les autres de rapporter au père de Raymond ce qu'ils avaient vu. Sous couleur d'un zèle éclairé, ils prétendirent que l'enfant trahissait son devoir ! Hélas ! il ne manque pas, dans toutes les conditions, de ces faux amis qui, sous prétexte de vertu, entendent ranger tous les hommes sous la loi de leur courte sagesse, et croient remplir un devoir en accusant les autres !

Le père de Raymond crut trop aisément les rapports (ce qui arrive surtout quand ces rapports flattent la manière de penser de ceux qui les reçoivent) et se rendit promptement à l'ermitage. En passant près du troupeau, la bande joyeuse aperçut un berger éclatant de lumière ; saisie de respect, elle n'osa lui parler et l'on arriva enfin à la chapelle où Raymond, toujours en prière, ne donnait aucun signe de crainte. « Quel est, lui demanda son « père, le berger qui garde mon troupeau ? » A ces paroles, l'enfant qui ignorait le miracle, ne répondit à son père qu'en demandant pardon de sa négligence ; mais dès qu'il fut seul, il retourna vers la sainte image, et versant un torrent de larmes, il épancha son cœur dans celui de sa céleste protectrice ; elle daigna lui expliquer le mystère, et l'assurer qu'elle-même avait chargé un ange de veiller à sa place près du troupeau, pendant qu'il demeurait à ses pieds dans la prière, qui est par excellence *l'Office des Anges*.

Cependant, le père de Raymond plein d'admiration, non seulement ne fit aucun reproche à son fils, mais ayant appris que la Sainte Vierge avait parlé à Raymond, il se tint prêt à obéir. En effet, un jour que le pieux enfant consultait Marie et lui disait : « Dans quel état, ô ma divine Mère, pourrais-je vous plaire davantage ? » la Très Sainte Vierge lui avait répondu en se manifestant visiblement: « Rends-toi à Barcelone, et là tu prendras l'habit de mon ordre qui y est établi sous le titre de *Notre-Dame de la Merci*, pour la rédemption des captifs. »

La conduite exemplaire de Raymond au noviciat, ne démentit pas de si beaux commencements ; lui, cependant, brûlait de remplir le ministère de rédempteur et priait Dieu en secret de seconder ses désirs. C'est alors que saint Sérapion, désigné pour cette mission chez les barbares d'Afrique, fut retenu par une affaire de l'Ordre ; il demanda pour remplaçant le pieux Raymond dont il connaissait le zèle. Dépeindre la joie de l'élu serait impossible. Il débarqua plein d'ardeur sur la côte algérienne où les marchands d'esclaves faisaient, en liberté, un infâme trafic de chrétiens capturés par les corsaires. Ils étaient, en ce moment-là, si nombreux, que les trésors apportés par Raymond ne suffisant pas au rachat de tous les captifs, il eut recours à un expédient héroïque : Après avoir stipulé le prix de leur rançon et distribué jusqu'à sa dernière obole, le saint rendit à tous la liberté, et demeura seul comme otage jusqu'au paiement définitif.

Bien loin d'être adoucis par la vertu de leur esclave, les barbares se plaisaient à inventer contre lui mille cruautés et l'accablaient d'injures ; à tel point que le chef ou cadi, craignant de perdre la somme promise si Raymond venait à mourir, défendit de le tourmenter davantage, sous peine à ses meurtriers de payer eux-mêmes.

Le confesseur de Jésus-Christ profita de cette ombre de liberté, pour prêcher aux infidèles, rechercher et consoler les chrétiens. Il parvint à baptiser plusieurs païens de haut rang. Le cruel pacha, transporté de colère, fit arrêter le courageux athlète et le condamna à être empalé. L'avarice des barbares sauva la vie à Raymond, mais le martyre abominable qu'il souffrit pendant près d'une année, était mille fois plus pénible que le supplice dont on lui faisait grâce. Le juge impie, après avoir fait flageller le saint au coin des rues de la ville, le conduisit au marché ; là le bourreau lui perça les lèvres avec un fer rouge et ferma cette bouche éloquente qui prêchait Jésus-Christ, avec un affreux cadenas, dont le cadi ne donnait la clef, qu'au moment où il lui prenait fantaisie d'envoyer au captif un peu de nourriture.

Dans un état si lamentable, Raymond chantait de cœur les louanges du Dieu dont il ne pouvait plus faire retentir le nom ; sa prière était continuelle et si ardente, qu'il demeurait souvent hors de lui-même dans une joie extatique. Un jour, les farouches geoliers le surprirent en cet état et l'en tirèrent violemment ; revenu de sa vision, le saint, par un miracle évident, prononça ces paroles : *Ne auferas de ore meo verbum veritatis usquequaque.* « O mon Dieu, n'ôtez jamais de ma bouche la parole de vérité. » Mais les bourreaux, plus furieux encore qu'étonnés, le chargèrent de coups, et pour ne pas enlever le cruel cadenas, le privèrent ce jour-là de toute nourriture.

C'est dans une si triste condition que les religieux de la Merci trouvèrent, au bout de huit mois, celui qu'ils étaient venus racheter. Ils eurent grande peine à contenter les barbares, et partirent enfin pour Barcelone, apportant au saint le titre de Cardinal que lui envoyait le pape Grégoire IX. — Raymond, empourpré du sang du martyre, ne témoigna aucune joie de la pourpre cardinalice, et reprit, dans le monastère, la simple observance des autres religieux. Mais le Pape désira entretenir le saint homme. Raymond, contraint d'entreprendre le voyage de Rome, se rendit près de saint Pierre Nolasque, son supérieur, pour recevoir sa bénédiction, puis chez le comte de Cardone, à deux lieues seulement de Barcelone. C'est de là que Dieu avait résolu d'appeler son serviteur au repos éternel. Il est probable que le saint avait eu, sinon révélation positive du jour de sa mort, du moins la joyeuse nouvelle que la fin de son pèlerinage approchait.

Voici comment un de ses biographes raconte le fait (1).

« Comme son amour et sa compassion pour les malheureux étaient sans mesure, il arriva qu'un jour d'hiver, la saison étant très rigoureuse, notre saint rencontra dans les rues un pauvre vieillard mal vêtu et tout tremblant de froid. Il en eut compassion, et ayant embrassé le pauvre comme pour le réchauffer, il lui fit l'aumône et lui donna même son chapeau pour le couvrir, de sorte qu'il retourna nu-tête chez lui. La nuit suivante, Notre-Seigneur, pour récompenser cette action, lui fit voir un très agréable parterre semé de fleurs différentes : la Reine des Anges et un grand nombre d'autres vierges, cueillaient de ces fleurs, et en composaient une couronne d'une beauté et d'un parfum merveilleux. La Sainte Vierge prenant la parole, dit aux vierges que cette couronne était destinée à celui qui avait ôté son chapeau pour en couvrir la tête d'un pauvre. En même temps, toute cette glorieuse troupe s'approcha de lui, pour la lui mettre sur la tête ; bien loin de s'en réjouir, l'humilité de notre saint s'en affligea extrêmement; et dans l'excès de sa confusion et de sa douleur, il poussa cette plainte vers le Ciel : « Oh ! infortuné que je suis, j'ai perdu ce que j'avais gagné. Hélas ! devais-je recevoir en ce monde la récompense d'un petit bien que je n'avais fait

---

(1) *Petits Bollandistes*, t. x, p. 361.

que pour la gloire de Dieu et pour plaire à mon Sauveur crucifié ! » A peine eut-il achevé ces paroles, que tout ce qu'il avait vu, disparut, et qu'il ne trouva plus auprès de lui qu'un pauvre homme affligé, qui avait la tête ceinte d'une couronne d'épines.

« Il considéra ce pauvre avec attention, et reconnaissant que c'était Jésus-Christ lui-même, il voulut se jeter à ses pieds. Alors le Sauveur ôtant la couronne d'épines de dessus sa tête, lui dit : « Ta sainte Mère, mon
« cher fils, qui est aussi la mienne, voulait te couronner
« de fleurs ; mais puisque tu ne veux pas d'autre gloire
« en ce monde que celle de ma Croix, voici que je t'ap-
« porte mes épines. » Saint Raymond prit cette couronne et se la mit sur la tête, mais avec tant de violence, qu'elle le fit revenir de son transport.

« Il fut longtemps tout consolé de joie de ce qu'il avait vu, et il en retint cette belle maxime, que toutes nos bonnes actions doivent être faites purement pour l'amour de Dieu, sans rechercher d'autre intérêt que celui de sa gloire. »

Notre saint était donc chez le comte de Cardone pour lui faire ses adieux avant de partir pour Rome, lorsqu'il fut saisi de convulsions accompagnées des symptômes d'une mort prochaine. Raymond demanda aussitôt le corps sacré du Sauveur ; mais, le curé du lieu étant absent, il adressa au Ciel une fervente prière, suppliant son divin Maître de l'admettre encore une fois au banquet Eucharistique, et de lui donner la consolation de recevoir, sous le voile du Sacrement, Celui qu'il allait bientôt contempler à découvert. Il n'avait pas encore achevé sa prière, « qu'une belle procession d'hommes inconnus entra dans la salle, tous revêtus de l'habit blanc des religieux de la Merci et tenant un cierge allumé. Notre-Seigneur les suivait ayant un ciboire entre ses mains ; mais la lumière qu'il répandait était si grande, que toute l'assemblée en fut éblouie, et personne ne put voir ce qui se passa dans la suite d'une action si miraculeuse. Elle dura une demi-heure, après quoi la procession s'en retourna. »

Le bienheureux, ravi de joie, baigné de larmes, tenant les yeux et les mains tendus vers le ciel, répétait avec transports : « Que le Dieu d'Israël est bon à ceux qui ont le cœur droit. » Et peu après, répétant les paroles de Jésus agonisant : « Mon Père, je remets mon âme entre vos mains, » il alla jouir des embrassements éternels (en 1240), seize ans avant la mort de Pierre Nolasque, le saint fondateur de l'Ordre.

Telles sont les œuvres de l'Eglise pour les prisonniers, tels sont les dévouements qu'elle suscite !

« ICI, DEBOUT LA CROIX ! C'EST LA FRANCE QUI L'ORDONNE. » (Page 100).

7. — IIe S.

Deuxième Partie

MISSION DU SOLDAT FRANÇAIS

CHAPITRE VIII

Où est le Drapeau, là est la France.

I

Mais il ne suffit pas de garder aux soldats chrétiens la liberté et la vie, la mission glorieuse de la France demande que partout où flotte son drapeau, la croix soit debout !

C'est par le *soldat* qu'elle accomplit cette grande œuvre.

Napoléon a dit cette belle parole : « Le soldat n'est jamais chez l'étranger, lorsqu'il est sous le drapeau : *où est le drapeau, là est la France !* »

Nous dirons encore : le soldat français et chrétien n'est étranger nulle part, car partout, il trouve, ou il porte la Croix !

« Quand le chevalier Dufougerais-Garnier, commandant *le Triton*, prit officiellement possession de l'île Maurice au nom de Louis XV, le 23 septembre 1721, il dressa vis-à-vis du drapeau de nos rois, sur l'îlot des Tonneliers, à l'entrée du port devenu Port-Louis, une croix monumentale de trente pieds de haut, qui portait avec des fleurs de lis cette fière et pieuse inscription :

Jubet hic Gallia stare Crucem.
Ici, debout la Croix ! C'est la France qui l'ordonne (1).

Ainsi, partout où paraît l'étendard de France, partout où débarquent nos marins ou nos soldats, il est consolant de dire que c'est pour ériger la croix, ou pour la relever ; pour porter les missionnaires ou pour les protéger.

L'île Maurice est encore une terre toute française. Le pavillon anglais, par suite de notre déplorable révolution flotte, il est vrai, sous toutes ses côtes ; mais, en changeant de maître et de nom, elle n'a pas oublié que, pendant un siècle, de 1713 à 1810 elle s'est appelée, elle a été l'*île de France*. Ses habitants conservent nos mœurs, notre langue et surtout notre sainte religion.

Au pied de la croix de Jésus-Christ, se trouvait un soldat...

La dévotion particulière du soldat doit être celle du Sacré-Cœur. Il est une tradition touchante rapportée par plusieurs auteurs sérieux.

Après que Jésus-Christ eut expiré sur la croix, un soldat presque aveugle nommé Longin, voulant s'assurer de sa mort, plongea sa lance dans la poitrine sacrée du Sauveur, perça son Cœur adorable, et en fit jaillir du sang et de l'eau en telle abondance, que le sang coula le long de la lance et atteignit la main qui la portait. Par un mouvement instinctif et sans y prendre garde, le soldat ayant frotté ses yeux avec cette main toute teinte du sang précieux du Rédempteur, recouvra subitement la vue. Saisi alors d'un tel prodige, éclairé intérieurement par

---

(1) *Lionel Hart*, par le P. Praslon.

la grâce, il crut en Jésus-Christ et se fit instruire par les apôtres. Plus tard il devint évêque de Césarée en Cappadoce, où il mena pendant trente ans, une vie de zèle couronnée par un glorieux martyre. C'est donc un *soldat*, qui a le premier bénéficié des grâces du Sacré-Cœur ouvert et blessé par lui.

Oui, le *soldat* chrétien est le glorieux ami du Sacré-Cœur dont il a reçu le sang rédempteur ; mais nous dirons encore avec reconnaissance que le *soldat français* en est le *privilégié*, puisque c'est le drapeau français qui flottait sur Paray-le-Monial, quand Marguerite-Marie reçut de Notre-Seigneur la révélation, suivie d'une promesse, qui assurait à la France une ère de gloire « si l'image du Sacré-Cœur placée sur les étendards, conduisait de nouveau l'armée à la victoire. »

« Le partage de la France, dit Ozanam, c'est l'action ; ce qui lui convient dans l'histoire... la mission qui lui plaît, c'est de *servir Dieu par l'épée.*

« Toute l'inspiration du moyen âge français est déjà dans ce passage du prologue de la loi Salique, où l'on entend bien plus le cri de la guerre sainte que la psalmodie du cloître : « *Vive le Christ qui aime les Francs !* Qu'il garde leur royaume, et remplisse leurs chefs de la lumière de sa grâce ! Qu'il protège l'armée, qu'il leur accorde des signes qui attestent leur foi, la joie, la paix, la félicité ! Que le Seigneur Jésus-Christ dirige dans le chemin de la piété ceux qui les gouvernent. Car cette nation est celle qui petite en nombre est brave et forte... »

« Saint Bernard prêche la croisade en langue vulgaire... : à cette voix qui lève des armées, je reconnais la parole de la France, mise au service de la civilisation chrétienne et j'ai confiance qu'elle restera (1). »

---

(1) OZANAM, *Etudes germaniques.*

II

LE DRAPEAU EN AFRIQUE

Nous ne répéterons pas ce que tout Français sait à présent, ce que nous avons écrit dans les biographies précédentes (1) au sujet de l'Algérie. La conquête en a été entreprise, dans le but bien déterminé de remplacer sus ces plages barbares, le croissant de Mahomet par la croix du Sauveur, « l'Algérie en devenant française allait devenir chrétienne. »

Le premier évêque d'Alger depuis notre conquête, Mgr Dupuch, après avoir pris possession de l'Algérie au nom du Sauveur Jésus, « auquel sont données toutes les nations en héritage, » faisait graver en lettres d'or sur une ancienne mosquée convertie en cathédrale, les paroles de l'apôtre : *Christus heri, hodie et in sæcula* (Jésus-Christ était hier, il est aujourd'hui, il sera dans tous les siècles).

Depuis que l'évêque de Carthage a reçu du Saint-Siège la charge de la *Tunisie*, cette terre aujourd'hui française, a pris un aspect nouveau. Sous l'impulsion du grand Cardinal Lavigerie, les œuvres chrétiennes y fleurissent ; à l'ombre du sanctuaire de saint Louis, se groupent chaque année plus nombreux, les asiles de la charité et de la prière ; là se trouve la maison d'études des missionnaires d'Alger. C'est donc de Carthage ressuscitée, que part

---

(1) *Vie du général de Sonis.* — *Vie du général de La Moricière.*

le mouvement apostolique qui gagne les contrées de l'Afrique jusque dans les profondeurs mystérieuses de l'Equateur.

Les missionnaires français, martyrs des Touaregs au Sahara, ont ouvert le chemin aux autres missionnaires, et bientôt après (1880-1881) aux soldats français, conduits par le brave colonel Flatters, pour chercher la direction du chemin de fer transsaharien.

Dans l'Est et jusqu'aux lacs Victoria et Albert Nyanza, des missions franciscaines avaient précédé les explorateurs. Cent martyrs avaient été brûlés dans les roseaux à l'Ouganda, sans que rien pût ralentir le zèle des religieux, et aujourd'hui les missionnaires d'Alger occupent quatre vicariats apostoliques, divisés en trente missions.

La croix avait partout précédé notre drapeau, mais elle était partout persécutée ; en prenant le nom de *Congo français,* le vaste territoire de 800,000 kilomètres carrés, supérieur en étendue à celui de la France, a déjà conquis la liberté de la religion. Là, nos incrédules gouvernants ont compris, que la grandeur de notre France est inséparable de la charité des religieux et des sœurs missionnaires ; l'un d'eux même, a dit publiquement, que « la persécution religieuse n'est pas un article d'exportation. » C'est donc la crainte de la secte qui excite parmi nous leur sourde persécution !...

L'embouchure du grand fleuve le *Congo,* inconnue il y a dix ans est devenue célèbre par le voyage de Stanley. Les explorateurs rencontrèrent sur la rive droite de l'estuaire les ruines des missions fondées au XVe siècle par les Franciscains ; lorsqu'en 1877, l'évêque alla visiter les restes de l'église Saint-Antoine, il trouva des vestiges du christianisme et fut bien reçu par les habitants. Près du lac immense Stanley-Pool, les Pères du Saint-Esprit ont déjà une belle mission à Linzolo ; il est vrai que lors de leur arrivée, *les bons paroissiens* se flattaient de les amener bientôt à leurs festins de cannibales, non comme convives, mais comme les mets les plus délicats.

Palpant avec convoitise les mains du missionnaire, l'un *de ses amis* lui disait naïvement : « Oh! que la chair du blanc est délicieuse. » Et un autre : « Je croyais les blancs très instruits et supérieurs à nous ; mais je vois qu'ils ne sont pas *malins*, puisqu'ils ignorent ce qui est bon. » Ce gourmet délicat était néophyte... et maintenant, après dix-huit mois, les chrétiens de la région pratiquent le vrai christianisme, et plusieurs commencent à embrasser les *conseils évangéliques*.

« Du reste les indigènes du Congo font viande de tout, depuis la chenille jusqu'à l'homme, en passant par le serpent, le chien, le singe et même le crocodile, qui abonde dans le fleuve comme dans ses affluents. Sur le sable des rives, ils semblent se réunir par bandes de trente à cinquante pour se réchauffer au soleil. Ces terribles hôtes fuient à terre l'aspect de l'homme, mais dans l'eau ils se donnent rendez-vous près des steamers, les attaquent audacieusement ou barrent le lit des fleuves. »

M. Stanley raconte : « Le bruit de nos hélices ou de nos rames éveille la colère des crocodiles, secouant leur engourdissement, les reptiles glissent un à un hors des cirques où ils sommeillent et s'apprêtent à nous punir de notre audace. L'œil en feu, ils arrivent en soubresauts sur nous, et prenant probablement nos bateaux pour des animaux inconnus, ils se diposent à l'attaque.

... « Point de doute, ils étaient résolus à ne s'arrêter qu'après avoir percé de part en part la coque d'acier du navire, avec leurs têtes en forme de vrilles ; mais à cinq ou six mètres, ils plongeaient probablement pour explorer la quille, et revenaient ensuite pour se remettre à notre poursuite jusqu'à complet épuisement. »

« A part une forte odeur de musc, la chair de ce reptile, dit l'auteur des *Colonies françaises* (1) ressemble à celle du poisson; ses œufs sont aussi fort recherchés.

« Le crocodile fait son nid à quelques mètres de la rivière. Les œufs qu'on y trouve en nombre considérable, quelquefois jusqu'à cinquante ou soixante, sont de la même dimension que les œufs d'oie, avec cette différence que les deux bouts sont égaux. Aussitôt après la ponte, la femelle les recouvre d'une couche de dix à douze centimètres de terre, sous laquelle ils restent un mois ou deux avant d'éclore. »

Quant au fleuve lui-même, c'est un des plus considérables du monde; son étendue de 4,000 kilomètres est encore inconnue dans le cours supérieur; on croit que le volume de ses eaux est dû au lac Tanganika dont le Congo serait le trop-plein, après avoir pris naissance dans le lac Banguélo. La partie explorée ne commence guère qu'à l'Equateur, à cette première série de cataractes nommées les *Stanley-Falls*. Le fleuve décrit ensuite à l'Ouest et vers le Nord une courbe qui le ramène à la Ligne, avant de continuer du Nord au Sud jusqu'à un élargissement considérable qui forme le *Stanley-Pool*. Dans cette partie de son cours, le Congo traverse une plaine boisée; il est coupé de nombreuses îles cultivées et peuplées, et son lit occupe jusqu'à 10 et 20 kilomètres d'une rive à l'autre. Plus loin trente-deux chutes dites de Livingstone, se succèdent pendant 300 kilomètres, sur une inclinaison de 300 mètres, avant l'énorme estuaire

---

(1) *Les Colonies françaises*, par les Frères des écoles chrétiennes, ouvrage sérieux et intéressant, comme tous ceux que publient ces intrépides éducateurs de la jeunesse.

de 11 kilomètres de largeur qui aboutit au golfe de Guinée.

En entrant dans la rade et au pied d'une hauteur, le mont Bouët, on voit s'élever une maison en brique rouge de construction européenne, c'est la mission catholique. Un peu plus loin sur le plateau, est la capitale du Gabon, *Libreville*, composée de quelques cases en bois et de deux maisons blanches : l'une est la demeure du gouverneur français, l'autre est la maison de Dieu et de la Charité : l'*hôpital* : encore *Dieu et la France!*

Dans presque tous les établissements français, à côté de la maison du gouverneur, souvent bien avant que le drapeau national ait pu y flotter en vainqueur, les religieux et les sœurs ont fondé des écoles et des hospices. Dans l'*île de Gorée*, dont le climat est plus sain, à Dakar et ailleurs, on trouve des écoles primaires florissantes aussi bien que l'école des Arts-et-Métiers, le séminaire, le collège, enfin le noviciat du clergé indigène et celui des sœurs indigènes.

III

Le *Dahomey* devenu colonie française, Kana la ville sainte, Abomey la capitale, Behanzin le roi barbare tombés aux mains du vaillant général Dodds, sont autant de conquêtes remportées par la civilisation chrétienne sur le plus odieux esclavagisme africain.

Le fort français construit en 1660, dernier vestige de la puissance de la Compagnie des Indes, est en ruines, c'est un parallélogramme régulier, composé de quatre bastions reliés par des courtines, entouré d'un fossé large et profond. Un ouvrage avancé couvrait autrefois la grande porte qui se fermait par un pont-levis ; aujourd'hui les bastions à moitié écroulés, sont couverts par la luxuriante végétation des tropiques, laquelle a en partie comblé les fossés. C'est là cependant que les nègres apportent l'huile de palme, les dents d'éléphant ou la poudre d'or pour le commerce ; c'est près de là qu'est l'horrible *temple de la mort* où s'accomplissent les sacrifices humains, et l'odieux sanctuaire dédié aux *serpents fétiches* !

Avant de donner quelques détails, trop récents pour ne pas être incomplets, nous citerons la courte biographie du général Dodds, due à M. Henri Espinasse et publiée par la *Gazette du Dimanche* :

« Dodds ! Ce nom est dans toutes les bouches. Partout, dans toutes les familles, personne, pas même les enfants, qui ne sache ce qu'est le général Dodds, qui n'aime à redire ce nom, synonyme de la vaillance et de la victoire. De même que chaque vertu a son symbole, l'armée, elle aussi, a ses admirables types.

Le général Dodds personnifie pour nous l'armée, l'armée qui vient de combattre, de porter une fois de plus, haut et ferme, le drapeau de la patrie. Et si on lui rend le tribut d'admiration et de gratitude qu'on lui doit, par lui aussi, on manifeste les éloges dus aux vaillants soldats qu'il représente à nos yeux.

La campagne du Dahomey a donné au général Dodds non seulement les étoiles de général, mais aussi la célébrité. Non pas que son nom fût inconnu auparavant. Sa valeur, ses services précédents, l'avaient déjà mis en lumière. Mais notre patrie est si riche en brillants officiers, qu'il se trouvait confondu un peu dans cette foule de héros dont nous nous enorgueillissons, qui fait la France forte et puissante et lui assure sa place au premier rang des nations.

Cette dernière campagne du Dahomey, si admirablement, si rapidement menée, malgré les effectifs réduits dont disposait le général, a donné la mesure de l'homme.

Nous sommes heureux d'offrir à nos lecteurs le portrait de cet héroïque chef de nos héroïques soldats ; de mettre sous leurs yeux cette mâle figure aux traits énergiques, mais bons.

Le général Dodds est enfant du Sénégal. Il naquit en 1842 à Saint-Louis. Il est mulâtre, car sa famille, d'origine britannique, s'allia avec des familles indigènes. Le père du général, fils d'un Anglais de Gambie et d'une Sénégalaise, épousa aussi une Sénégalaise, Mademoiselle Billaud, d'origine yolof, la race noire la plus pure du Sénégal. Le général a également épousé une Sénégalaise, qui lui est alliée par les liens de la parenté, Mademoiselle Madeleine Alsace.

Le jeune Dodds fit ses études au lycée de Carcassonne. Admis à Saint-Cyr en 1862, il en sortit sous-lieutenant d'infanterie de marine. Lieutenant en 1867, il eut occasion de montrer sa rare énergie, son sang-froid, en 1868, à La Réunion où éclatèrent à cette époque des troubles fort graves. Le gouverneur de la colonie, le contre-amiral Dupré, le cita à son ordre du jour pour avoir su, quoique blessé grièvement d'une pierre à la tête, empêcher ses hommes de tirer sur la foule.

Capitaine en 1870, il commandait au 3ᵉ régiment qui fit partie de la 2ᵉ brigade de la division d'infanterie de marine (général de Vassaigne), qui combattit vaillamment à Bazeille et à Sedan. Après la capitulation désastreuse, le capitaine est assez heureux et assez audacieux pour s'échapper. Il rentre à Paris, est dirigé sur l'armée de la Loire, fait la campagne, puis celle de l'Est. Il y gagne la croix de la Légion d'honneur. En 1871, il fait partie de l'armée qui emporte Paris sur la Commune.

Les colonies le rappellent alors. Il reste au Sénégal jusqu'en 1883, sauf un intervalle d'une année, de 1877 à 1878, qu'il passe en Cochinchine, et date aussi de sa nomination comme chef de bataillon.

Le Tonkin le vit ensuite comme lieutenant-colonel en 1886.

Commandeur de la Légion d'honneur en 1891, il fut en juillet 1892 désigné pour prendre le commandement en chef, de l'expédition qu'il vient de terminer glorieusement. Il a été nommé général de brigade le 9 novembre, et grand officier de la Légion d'honneur le 14 décembre 1893. »

Malgré de mesquines jalousies, la France a rendu le général à sa glorieuse mission ; il est retourné au Dahomey et s'avance vers le Soudan.

Ce n'est pas une facile victoire qui a rendu le général Dodds vainqueur de Behanzin ; c'est par une suite de batailles, par les efforts persévérants de son génie militaire, qu'il a donné à la France cette nouvelle colonie. Les Dahoméens avaient des canons Krupp ; le roi de ces destructeurs d'hommes exige le service militaire de tous ses sujets valides ; ces barbares exploiteurs de chair humaine sont redoutables dans la guerre de rapine et de surprises, dont ils ont l'affreuse coutume.

La garde-royale du roi anthropophage, est composée du corps des *Amazones,* qui a présenté à notre armée jusqu'à dix mille femmes munies de fusils à tir rapide.

Un témoin oculaire raconte ainsi les exercices préparatoires auxquels se livrent ces amazones :

« Dans un espace approprié aux manœuvres on avait élevé un talus, non de terre, mais de faisceaux d'épines très piquantes, sur quatre cents mètres de long, six de large et deux de haut. A quarante pas plus loin et parallèlement au talus, se dressait la charpente d'une maison d'égale longueur, ayant cinq mètres de largeur et autant d'élévation. Les deux versants de la toiture étaient couverts d'une épaisse couche de ces mêmes épines. Quinze mètres au delà de cette étrange maison, venait une rangée de cabanes. L'ensemble simulait une ville fortifiée.

« Après deux vigoureuses attaques, censé infructueuses, le roi va se placer en tête des colonnes, les harangue, et, au signal donné, les Amazones se précipitent avec une fureur indescriptible sur le tas d'épines, le traversent, bondissent sur la maison, en redescendent refoulées par un retour offensif, et reviennent trois fois à la charge... elles foulaient de leurs pieds nus les dards des cactus. »

« . . . Dans une guerre contre les Nagos, le roi avait envoyé le gao (général) surprendre la ville principale de cette peuplade à la tête de huit mille guerriers, hommes et femmes. Ce général donna l'assaut ; mais trouvant la ville très bien fortifiée et une résistance des plus vives, il parlait de se retirer, lorsque la générale des femmes, se jetant à la tête des siennes, lui déclara que venus jusquelà, ils se déshonoreraient en reculant. Joignant l'action à la parole, elle se lança de nouveau contre les défenses de l'ennemi. La ville fut prise et les habitants égorgés ou faits prisonniers. »

On sait qu'avant l'apparition de nos troupes, les rois dahoméens réjouissaient leur peuple par les plus abominables sacrifices humains ; ils croyaient leurs armées invincibles lorsque la guerre était précédée des *grandes coutumes*; l'un d'eux avait pavé les avenues de son palais des crânes de ses ennemis !

Pour inaugurer son règne, le farouche Behanzin avait

multiplié ces horreurs ; il commença la guerre avec la France par les mêmes sacrifices, et déclara qu'à l'issue des fêtes organisées à l'occasion de cet avènement, et dans lesquelles seraient massacrés 5,000 captifs, il se porterait avec toute son armée sur Kotonou pour en chasser la garnison française et empêcher la construction du wharf. Et, en effet, c'est très près de Kotonou qu'eurent lieu les premiers engagements suivis d'épisodes d'otages, d'une fausse paix, et de la guerre qui vient de détruire Abomey.

LA GRANDE COUTUME

Voici le récit des fêtes à l'occasion de l'avènement de Behanzin :

« Le son de gong annonça que la grande coutume allait commencer. Cette sinistre cérémonie s'ouvrit le dimanche 22 juillet.

« Dès le point du jour, cent hommes furent mis à mort, et autant de femmes massacrées dans l'intérieur du palais.

« On ensevelit ensuite, dans le sépulcre royal, soixante hommes vivants, cinquante moutons, cinquante chèvres et quarante coqs. Le roi faisait pendant ce temps, le tour de son palais, et ses soldats des deux sexes, c'est-à-dire ses amazones et sa milice masculine, faisaient de nombreuses décharges de leurs fusils. Quand il revint près du tombeau, on massacra encore, devant lui, cinquante esclaves.

« En quelques jours, plus de cinq mille êtres humains furent ainsi égorgés, les femmes dans l'intérieur du palais, les hommes sur de vastes plates-formes, élevées au milieu de la place du marché principal. On allait accrocher aux portes du palais les têtes humaines aussitôt qu'elles étaient tranchées ; le sang coulait sur le sol comme un torrent.

« Bien reçu par le Bâhadou, je fus conduit sur la place du marché où tant de malheureux avaient été égorgés le jour précédent.

« ... De là on me mena vers une haute plate-forme vis-à-vis de laquelle, et dans toute la largeur de la place, étaient alignées des rangées de têtes humaines fraîches et saignantes, tout le sol du marché était saturé de sang. Ces têtes étaient celles des captifs, sur qui l'on avait épuisé l'art diabolique des tortures.

« ... On apporta ensuite vingt-quatre mannes ou corbeilles contenant chacune un homme vivant dont la tête seule passait au dehors ; on les aligna un instant sous les yeux du roi, puis on les précipita l'un après l'autre du haut de la plate-forme sur le sol de la place où la multitude, dansant, chantant et hurlant, se disputait cette aubaine, comme en d'autres contrées les enfants se disputent les dragées de baptême. Tout Dahoméen assez favorisé du sort pour saisir une victime et lui scier la tête, pouvait aller échanger à l'instant même ce trophée contre une filière de cauris (environ 2 fr. 50). On fait deux tas des débris humains : d'un côté les têtes, de l'autre les corps. »

Une grande revue eut lieu ensuite, à laquelle prit part toute l'armée composée d'environ cinquante mille combattants, dont dix mille amazones.

Et la revue terminée, trois groupes de captifs furent encore décapités ; c'est-à-dire qu'on leur scia la tête avec des couteaux ébréchés pour faire durer le plaisir plus longtemps.

C'est le plus épouvantable, le plus terrifiant des spectacles.

Pendant que le roi barbare du Dahomey avait recours

Messe au Dahomey (dessin des Missionnaires).
Portrait du Général Dodds.

aux cruelles superstitions, les missionnaires menacés s'avançaient peu à peu, le saint sacrifice était offert dans les forêts devant les sauvages nègres conviés à ce spectacle si nouveau pour eux. L'armée du général Dodds était suivie par quelques prêtres, et le glorieux vainqueur rentra dans Paris avec l'un des aumôniers des troupes. Bientôt, nous pouvons l'espérer, la France fidèle à sa mission élèvera une église au vrai Dieu dans cette région africaine, sur cette *côte des Esclaves,* arrachés par le zèle de nos missionnaires et de nos soldats à leur sort cruel. La conquête du Dahomey a été partout célébrée au chant du *Te Deum,* nos soldats tombés sur la terre lointaine n'ont pas été oubliés; ils se sont, là comme toujours, montrés de braves guerriers et la plupart de vrais croyants.

Quelques détails bien propres à intéresser tout cœur *français* ont été publiés dans les *Annales de la Propagation de la Foi* (juillet 1894). Nous en reproduisons les principaux traits :

IV

PRÉFECTURE APOSTOLIQUE DU DAHOMEY

Un ancien missionnaire du Dahomey, résume dans l'intéressant rapport qu'on va lire, les péripéties qu'ont eu à subir durant la guerre franco-dahoméenne, les Missions établies dans le royaume de Béhanzin. Grâce à Dieu les ruines se relèvent, et un brillant avenir semble réservé à l'apostolat catholique dans ces régions si longtemps fermées à l'action bienfaisante de la vraie religion.

Dans l'univers entier, on a suivi avec intérêt, parfois avec anxiété, les évènements qui se sont déroulés au Dahomey depuis 1890. C'était la lutte contre la barbarie dans tout ce qu'elle a de plus horrible. Aussi jamais guerre n'a trouvé plus d'approbateurs dans le monde civilisé.

Bornons-nous à esquisser seulement l'histoire de la Mission de Wida, la seule établie dans le Dahomey proprement dit.

... D'autres Missions ont encore subi le contre-coup des évènements. Ainsi celle de Porto-Novo a dû licencier les enfants des deux écoles pour recevoir les malades et les blessés de la colonne expéditionnaire. Nombreux ont été les officiers et les soldats, qui ont dû aux soins empressés des missionnaires et des religieuses leur retour à la vie, ou le bienfait d'une mort et d'une sépulture chrétiennes. Plus d'une fois le général Dodds, le résident de France et nos officiers, ont reconnu les services rendus aux troupes par la mission.

Dès 1889, des bruits de guerre couraient dans le pays. Au commencement de 1890, après l'insuccès du voyage du D' Bayol à Abomey, les hostilités paraissaient imminentes ; il fallait mettre en sûreté les religieuses qui élevaient à Wida environ cent vingt filles, et apprenaient à travailler aux femmes mêmes du roi du Dahomey. Avec beaucoup de difficulté, les religieuses obtinrent la permission, et partirent au milieu de la désolation générale des chrétiens et des païens.

Mais les PP. Dorgère et Van Pawordt ne voulurent point abandonner leurs chers néophytes. On sait comment, réfugiés à la factorerie Fabre avec les négociants français, ils soutinrent un siège de huit jours, comment ils furent trahis et maltraités.

Cent fois ils crurent leur dernière heure arrivée ; pendant plusieurs semaines on présentait aux prisonniers l'énorme coutelas qui devait les décapiter, et le bassin où leur sang serait recueilli pour arroser les fétiches du Dahomey. « Et ce plat, racontait le P. Dorgère, nous servait de régal trois fois par jour. »

Finalement les prisonniers furent transportés à la capitale, à l'exception toutefois du P. Van Pawordt qui dut à sa qualité de Hollandais de rester à Wida. Mais il fut retenu pendant plusieurs semaines dans un affreux cachot, chargé d'une chaîne énorme dont le poids a été évalué à plus de soixante kilos. Pour marcher, le pauvre Père était obligé d'enrouler la chaîne autour de lui et de la soutenir de toutes ses forces ; la nuit, elle lui servait d'oreiller ! Il obtint cependant d'aller demeurer dans la factorerie allemande, mais il y fut gardé à vue et sans pouvoir communiquer avec les chrétiens. Le jour de Pâques par exception, le courageux missionnaire put dire la messe dans la chapelle du fort portugais, et donner la sainte Communion à quatre-vingt-dix chrétiens.

Au mois de mai 1890, le P. Van Pawordt fut mis en liberté avec les prisonniers français, mais les rigueurs de la captivité avaient ruiné sa santé et le conduisaient au tombeau quelques mois après.

Quant au P. Dorgère, l'histoire a dit quelle intrépidité il montra, quelle influence il sut acquérir sur Béhanzin et tout son entourage : Après la remise en liberté de tous les otages, le P. Dorgère, devenu aumônier des troupes de marine, fut choisi par le vaillant amiral Cavelier de Cuverville pour porter à Abomey des propositions de paix au nom de la France. L'humble missionnaire qui, trois mois auparavant, avait comparu, le carcan au cou et les fers aux pieds, devant le fier Béhanzin, revenait maintenant devant lui, salué par cent un coups de canon, et repartait de la capitale, muni d'un traité de paix entre la France et le Dahomey.

A l'ouverture de la neuvaine de l'Immaculée-Conception, le P. Dorgère et ses confrères rentraient en triomphe à Wida... Tel est le prestige des missionnaires, que le roi de Dahomey et les chefs de Wida leur montrèrent la plus grande déférence. On en vit une preuve éclatante lorsque, en mars 1891, le roi fit mander à sa capitale le P. Dorgère et voulut qu'il fût accompagné de trois religieuses, « ces femmes blanches qui ne se marient point, et viennent du pays du froid pour instruire le peuple dahoméen. »

Béhanzin fournit royalement à tous les frais de route du P. Dorgère et des Sœurs Agathe, Cyrille et Germaine, les reçut et les traita sur le même pied que la députation française, qui portait à Abomey les cadeaux du Président de la République. Il leur fit présent de quatre jeunes négresses enlevées dans le Yorouba. Une cinquième fut remise à la Mission par un membre de la députation française.

En même temps, Sa Majesté noire donnait en toute propriété aux religieuses la maison qu'elles occupaient.

Pendant un an, la Mission de Wida jouit de la paix et se développa rapidement. Mais au mois de mars 1892, les troupes dahoméennes attaquaient une canonnière française qui remontait le fleuve Ouémé.

Pour la troisième fois, les Sœurs durent chercher un refuge à Agoué.

Le 17 novembre, le général Dodds entrait vainqueur à Abomey et au mois de décembre, à Wida. Aussitôt les missionnaires réoccupèrent la Mission. Le général Dodds lui-même redemanda les religieuses et fit réparer leur maison. Elles repartirent d'Agoué en pirogue, c'est-à-dire dans un tronc d'arbre creusé au feu. En route elles faillirent faire naufrage, et subirent pendant six heures, une affreuse tempête, à l'endroit où la lagune communique avec la mer. N'en pouvant plus, les canotiers laissèrent la pirogue aller à la dérive ; mais l'*Etoile de la mer* la conduisit au rivage, où elle s'accrocha dans des branches d'arbres.

Les bonnes Sœurs étaient sauvées. Quelques heures après elles arrivaient à Wida où le général Dodds les accueillait avec une politesse toute française et une charité toute chrétienne. Il leur rendit leur maison qui avait servi de refuge aux soldats pendant la guerre.

Cette fois les Sœurs se croyaient à l'abri de toute aventure, lorsqu'un beau jour, pendant la classe, on entend des cris de détresse. Les enfants se précipitaient par les portes et les fenêtres.

C'était la maison des Sœurs qui brûlait ; bientôt les flammes envahissaient l'église et les écoles, malgré le concours des officiers et des soldats, on ne put éteindre le feu. Voilà les Sœurs sans gîte pour passer la nuit ; mais la Providence, comme en toutes les autres circonstances, vint à leur secours. Le soir même, on mit une salle à leur disposition et un souper leur avait été préparé.

Il n'était personne dans la ville qui ne prît part au malheur de la Mission. Tous les chrétiens eurent à cœur de l'aider. Le général Dodds et les officiers se firent remarquer par leur générosité. La maison des Sœurs et leurs écoles furent complètement restaurées.

Pendant sa deuxième campagne, le général a eu pour les missionnaires les mêmes égards ; il n'a pas hésité à accorder une subvention annuelle aux écoles chrétiennes.

C'est là un des moyens les plus efficaces employés par l'Angleterre pour le développement de ses colonies; elle subventionne largement les écoles anglaises, en proportion du nombre et du succès de leurs élèves, tout en laissant aux maîtres la plus grande liberté d'enseignement.

Aujourd'hui, grâce à Dieu, le Dahomey est soumis. Mais, pour compléter et assurer la conquête militaire, la conquête morale, c'est-à-dire la civilisation chrétienne est absolument nécessaire.

Ce sera l'œuvre de nombreuses écoles.

C'est ce qu'a compris le brave général Dodds. Il a demandé aux missionnaires d'en établir à Allada, à Abomey, et dans toutes les villes principales du Dahomey, promettant son concours le plus efficace. Une clause du traité stipule même que le nouveau roi d'Abomey enverra ses enfants à notre école.

Voici ce qu'écrit le 7 mars le R. P. Lecron, préfet apostolique du Dahomey de retour dans sa Mission :

« Le général Dodds voudrait nous voir nous établir vite à travers le Dahomey.

« Malheureusement, dit-il, le pays est ruiné et les maisons autour d'Abomey détruites. Les nombreux esclaves qui servaient la famille royale ont regagné leur pays d'origine; il est donc très difficile de trouver des maisons convenables pour nous recevoir, et des travailleurs pour réparer ce qui est réparable. Toutefois, tout ce que je pourrai faire, je le ferai. Je vais vous présenter Topa, le frère aîné de Béhanzin, venu ici pour me voir. Je l'ai nommé premier ministre du nouveau roi établi par moi à Abomey. »

Un instant après, Topa entrait au salon. Le général lui fit remarquer que les fétiches dahoméens n'avaient plus de raison d'être, puisque le Dieu des blancs les avait renversés; qu'il fallait donc protéger les féticheurs de Maou *(Jésus)* :

« Ces hommes que voilà, » ajouta-t-il, en nous montrant, « ce sont mes féticheurs, à moi, les prêtres de Maou. Ils vont aller te voir au Dahomey, et bientôt ouvrir une école dans ton pays. Je veux que tu les reçoives et les traites comme mes amis, »

Topa répondit qu'il reconnaissait Maou comme bien au-dessus de ses fétiches, que le désir du général était un ordre pour lui, que nous pourrions nous établir où nous voudrions, que partout il sera notre ami.

Le nouveau gouverneur du Dahomey sera également favorable à nos écoles et à nos Missions.

En terminant, émettons le vœu que, grâce aux prières et à la générosité des chrétiens d'Europe, le sang de la divine victime coule seul à Abomey, là où ruisselait le sang humain.

CHAPITRE IX

Le drapeau en Asie.

I

« La nation qui possède les Indes est la première du monde, disait Napoléon. » C'est qu'en effet tous les aspects grandioses comme les richesses de la nature donnent à ce pays un caractère particulier. Des fleuves abondants, de riches vallées, des plaines fertiles, les plus hautes montagnes de l'ancien continent et le climat le plus varié, font de l'Inde asiatique un pays enchanteur.

Si les conquérants fameux ont reculé les limites de leur empire jusqu'à l'Indus, les Musulmans, les Mongols en sont demeurés les maîtres jusqu'au xve siècle. Alors se fonda la Compagnie anglaise des Indes, et bientôt après sous Henri IV la Compagnie française, plus solidement établie par Colbert (1664).

Lorsque les Français, pour la première fois, portèrent la guerre dans l'intérieur de l'Inde contre les Anglais, le général de Bussy demanda un missionnaire pour accompagner l'expédition ; le P. de Montjustin, désigné, gagna bien vite la confiance de l'armée. Le succès couronna nos efforts ; le butin à la prise de Pondichéry fut immense et partagé entre les officiers et les soldats. La part du missionnaire revenait à près de 100,000 fr., il la refusa ; contraint de l'accepter, il l'employa aussitôt tout entière à doter Pondichéry de sa belle église, l'une des plus grandes de l'Inde.

Mais un siècle s'est à peine écoulé que, malgré les efforts de Lally-Tolendal, l'Angleterre supplante la France ; et le monde Indien, un moment promis à nos armes, se trouve désormais perdu pour nous. Toutefois, la paix de 1763 rendait à la France Pondichéry, Karikal, Chandernagor et quelques comptoirs au Bengale.

Le héros Tippo-Saïb qui fut notre allié, périt à Séringapatam en 1799, pendant que nos malheurs nous empêchaient de le secourir.

Les histoires du temps donnent du voyage des Indiens en France d'intéressants détails :

« Le 9 juillet 1788, débarquaient à Toulon les ambassadeurs du nabab Tippoo-Saheb (dont on a fait Tippo-Saïb), sultan de Mysore ; depuis longtemps inquiété par les Anglais jaloux des richesses de l'Inde, il avait résolu de se couvrir du pavillon français. De Pondichéry, les trois envoyés avaient d'abord relâché à l'Ile de France, puis doublant le cap de Bonne-Espérance, ils avaient paru à l'île de Gorée et à Malaga. Après quelques jours de repos, ils se dirigèrent sur Paris par Marseille, Aix, Lyon, Fontainebleau, excitant sur leur passage la plus vive curiosité ; le 9 août ils couchèrent à Trianon pour se rendre le lendemain à l'audience royale. »

La *Gazette de France* raconte la réception de Tippoo-Saheb. « Ils entrèrent par la grande grille dans la cour des ministres, où les régiments étaient sous les armes, les tambours battant l'appel... Conduits par l'escalier des Princes, ils traversèrent la salle des Cent-Suisses, qui étaient en haie, la hallebarde à la main, dans un appartement particulier pour y attendre le Roi...

Le salon d'Hercule avait été décoré et disposé pour la cérémonie, l'on avait construit des tribunes et garni la salle de gradins pour les seigneurs et les dames de la cour.

Le Roi, placé sur un trône élevé de huit marches, entouré de sa famille, des grands officiers et des ministres, envoya chercher les ambassadeurs.

« Ceux-ci marchaient sur une même ligne, avec les deux maîtres des cérémonies, précédés d'un interprète, de leurs officiers et suivis de leurs domestiques.

« Le chef de l'ambassade et ses collègues ont fait les trois révérences d'usage ; le Roi s'est découvert à la troisième, il a pris des mains de Mohammed-Derviche-Khan la lettre de créance du sultan, et accepté l'une des pièces d'or qui sont dans les usages orientaux l'hommage du plus profond respect. Ensuite l'ambassadeur a prononcé une harangue, traduite aussitôt par l'interprète qui a de même répété la réponse de Louis XVI.

« Les ambassadeurs sont descendus en arrière jusqu'au dernier degré de l'estrade, où ils ont fait une révérence ; après quelques pas de la même manière, ils en ont fait une seconde. Arrivés à la porte du salon, ils se sont arrêtés et ont fait demander au Roi la permission de jouir un instant du majestueux spectacle qu'offrait le salon d'Hercule. Après avoir satisfait leur curiosité, ils ont fait le dernier salut, et traversé de nouveau les appartements en cérémonie.

« Ils passèrent devant la foule qui remplissait la place d'armes et se rendirent à Paris où des fêtes de toutes sortes leur étaient préparées. »

II

INDO-CHINE FRANÇAISE

La France cependant, refoulée de l'Hindoustan, se créa un nouvel empire asiatique dans l'Indo-Chine. Notre glorieuse patrie a un rôle distinct dans l'effort des peuples occidentaux sur l'Extrême-Orient. Tandis que les Anglais canonnaient les Chinois afin d'assurer des débouchés à leurs marchandises, les Français, par l'expédition de 1858, vengeaient un martyr. Le contraste n'était pas accidentel ni nouveau. Dans ces contrées lointaines, rarement la France a oublié ses devoirs de fille aînée de l'Eglise. Nous avons sans doute réclamé des avantages commerciaux, mais la liberté religieuse a été l'objet principal et constant de nos efforts. Les Chinois ne s'y sont pas trompés (1).

En même temps qu'elle maintient en Asie sa supériorité morale, son rôle de puissance chrétienne, la France y étend ou plutôt y reprend son action politique.

L'expédition de Cochinchine, nous l'avons entreprise au nom des intérêts du christianisme... Pour que le but soit atteint, pour assurer aux chrétiens la liberté de leurs autels, il faut qu'une puissance catholique prenne pied sur cette terre arrosée du sang des martyrs. La France le fera.

---

(1) La plupart des détails contenus dans ce chapitre sont empruntés à l'ouvrage de L. VEUILLOT : *La Cochinchine et le Tonkin*.

« Lorsqu'on a parcouru les mers de l'Extrême-Orient (écrivait il y a peu d'années un de nos marins), l'amour-propre national souffre cruellement. Nous ne sommes vraiment représentés que par nos missionnaires. Leur intrépide ardeur ne se lasse pas de lutter contre des obstacles presque insurmontables. Ils font seuls connaître le nom français, et la présence de nos bâtiments de guerre est impuissante à empêcher les persécutions dont ils sont victimes. »

Ce n'est pas le télégraphe, la machine à vapeur et autres engins plus ou moins sûrs de la prospérité matérielle que nous devons porter aux populations chinoises, japonaises, annamites, etc. ; c'est la *lumière* et la *vie*. Nous trahirons notre mandat si nous ne savons leur apprendre à quelle source la civilisation européenne puise la force supérieure qui les a vaincus, qui doit les dompter et les sauver.

Même sous Gia-Laong, la Cochinchine et le Tonkin n'étaient pas faciles à explorer. Ce prince avait quelques Français à son service, mais il se défiait très fort des étrangers. Ses successeurs ont fermé leurs Etats, comme l'avaient fait ses prédécesseurs, et aucun Européen n'a pu y séjourner sans jouer sa tête.

Louis XIV, prenant en grande considération son titre de roi très chrétien, regardait comme un devoir de protéger les missionnaires. Ce fut particulièrement dans ce but qu'il voulut entrer en relations avec le roi de Siam. Celui-ci parut très disposé à ouvrir ses Etats aux Français ; il concéda immédiatement un terrain assez étendu à l'évêque de Bérithe, chef de la mission. Louis XIV se montra reconnaissant, et pria Sa Majesté Siamoise de protéger toujours ses sujets français « qui, par un zèle ardent pour notre sainte religion, avaient résolu de répandre au loin les lumières de la foi et du saint Evangile. »

Le roi de Siam, fier des avances « du grand roi de l'Occident, » résolut d'envoyer un ambassadeur à la cour de Versailles. Cet ambassadeur et toute sa suite périrent en mer. Deux ans plus tard, nouvelle ambassade. Elle venait déclarer à Louis XIV que les Français seraient bien accueillis, s'ils voulaient fonder un établissement sur les côtes de Siam. L'offre fut acceptée. M. de Chaumont partit pour l'Indo-Chine avec le titre d'ambassadeur de Sa Majesté Très Chrétienne. Il reçut un accueil des plus bienveillants et obtint de grands privilèges pour les chrétiens. Une troisième ambassade, celle qui fit le plus de bruit, vint en France en 1686; le roi obéissant à une pensée très politique et non à un vain orgueil, voulut qu'on lui rendît de grands honneurs. L'année suivante, cinq navires français avec un régiment de troupes de ligne prirent possession de Bankok. Les révolutions de Siam et nos propres embarras, firent avorter cette très sérieuse entreprise. Les côtes de Siam furent abandonnées... Nos vues de colonisation se portèrent sur l'Indo-Chine et sur Madagascar.

III

Louis XV livra l'Inde aux Anglais. Il fallait songer à l'Indo-Chine ; c'est ce que fit Louis XVI.

L'autorité de Louis XVI, déjà méconnue en France, avait conservé au delà des mers tout son prestige ; les souverains étrangers briguaient son alliance, imploraient son assistance. Un enfant de dix ans, héritier du roi de la Cochinchine, accompagné de deux de ses parents, fut présenté à Versailles par l'évêque missionnaire et français, choisi pour ambassadeur par le roi indien : Mgr de Béhaine. Le maréchal de Castries introduisit cet enfant devant le roi ; il se prosterna suivant l'étiquette de son pays, ses parents restaient le front contre terre, l'évêque se tenait debout. Le petit prince, vêtu d'une mousseline, couverte du manteau broché de soie et d'or, fut également présenté à la Reine et à la famille royale ; il joua avec le Dauphin.

Le trône et la vie du roi de Cochinchine étaient menacés par un ennemi puissant, ancien chef des douanes ; les nouvelles reçues depuis le départ de l'ambassade donnaient les plus navrants détails : les églises, les pagodes étaient envahies par les mandarins rebelles ; les éléphants étaient logés dans les habitations, et les riches propriétaires massacrés ou exilés. Les insurgés exigeaient le service militaire depuis treize ans jusqu'à soixante-cinq. Louis XVI ému des larmes d'un prince enfant, venu du point extrême des provinces maritimes pour chercher des secours à son père trahi et bientôt vaincu, envoya deux frégates et huit cents hommes. L'apparition du drapeau français ranima le courage des Annamites, soutint les efforts des 60,000 Indiens armés. Les rebelles furent culbutés, et les frégates menaçant les côtes occupées par les rebelles, ils s'enfuirent en désordre.

La France, avant de tomber dans un abîme de malheurs, eut encore la gloire de rendre la paix à tout un peuple.

Mais la Révolution fit échouer un plan que l'Angleterre dénonçait comme devant être fatal à sa puissance en Asie.

Cependant Gia-Long introduisit l'influence française dans son pays.

Le royaume d'*Annam* dont le nom signifie *sud paisible* se nomme maintenant Cochinchine au sud ; l'Annam n'est plus aujourd'hui que la partie centrale, et le nom de Tonkin désigne le nord du royaume. Nous y avons acquis un protectorat depuis les dernières campagnes, en particulier par les hauts faits de l'amiral Courbet; mais le dernier mot n'est pas dit, et de là à une colonie française, il y a loin encore !

Le Tonkin et la Cochinchine, malgré quelques traits distinctifs et d'anciennes divisions, forment bien un seul peuple : mêmes religions, mêmes origines, mêmes usages, mêmes langues.

L'été, au Tonkin est accablant; souvent le thermomètre atteint 32 degrés Réaumur. La pluie même ne rafraîchit pas l'atmosphère et, selon les récits des missionnaires, « la chaleur n'est jamais si insupportable qu'au moment où l'eau tombe en plus grande abondance. » Il pleut une grande partie de l'été et tous les ans il faut s'attendre à une inondation générale.

« Je n'ai vu grêler qu'une fois, écrit Mgr Retord dans les *Annales de la Propagation de la foi,* mais les moindres grêlons avaient le volume d'un œuf, les plus gros égalaient celui d'une boule à jouer. Ils étaient rares et tombaient mêlés à une forte pluie sans orage. Au Tonkin les variations atmosphériques sont très brusques; souvent, après des chaleurs accablantes et un calme désolant, viennent des vents impétueux et des tempêtes effroyables; à la sécheresse qui brûle tout, succèdent des pluies torrentielles ; on est des mois entiers sans apercevoir le soleil, et d'autres sans remarquer au ciel un seul nuage. Au moment où l'on s'écrie : Oh ! qu'il fait chaud ! un vent du nord souffle tout à coup, et il faut se garantir d'un froid glacial. Avec ces transformations subites, il est facile de comprendre que ce pays soit peu favorable à la santé. Cependant, avec les précautions nécessaires pour

Le fils de Gia-Long implore la protection de Louis XVI (page 126).

remédier aux brusques variations de la température, il est facile de s'acclimater au pays qui n'est pas malsain, excepté dans les montagnes où les Européens ont beaucoup à souffrir, et peuvent difficilement se bien porter.

On trouve, dans les *Annales*, de curieux détails sur la terrible inondation annuelle qui dure seulement deux ou trois jours, mais laisse, après elle, de tristes vestiges.

L'eau ayant détrempé toute la terre qui formait le pavé des maisons, il en résulte pendant huit ou dix jours une boue gluante et surtout un air extrêmement malsain... Il n'y a que les lieux élevés qui soient exempts de cette inondation. Toute la campagne est alors comme une mer, on ne voit plus que les têtes des arbres et les toits des maisons.

Les habitants se réfugient dans d'étroites cases qui touchent le toit, sur le toit même ou dans des barques ; comme ils prévoient le fléau, il n'y a guère que les animaux dont on n'a pu assurer la retraite, qui sont victimes de l'inondation.

Comme les fleuves débordés descendent avec violence des montagnes, et portent une partie considérable de terre sur les bords de l'océan, le territoire annamite se trouve augmenté tous les ans. « Il s'établit tous les jours de nouveaux villages dans les endroits que la mer occupait il y a dix ou quinze ans. On peut citer en particulier l'arrondissement de Kins-Sôn, qui compte près de vingt mille chrétiens et s'est formé depuis moins de vingt ans. »

Les rivières et les fleuves sillonnent partout le pays et facilitent les communications ; on connaît environ quatre-vingts cours d'eau d'une navigation aisée, même en remontant vers la source ; leurs débordements offrent cet avantage de fertiliser le sol, au point de permettre trois récoltes annuelles sans aucun travail. Il est aisé de comprendre pourquoi les Asiatiques ont une réputation proverbiale de paresse et de nonchalance. Ils ne se préoccupent généralement que de travaux d'irrigation pour faciliter la culture du riz. De nombreux canaux portent partout l'abondance ; ils sont couverts de barques en bambou, enduites de résine, et si légères que le voyageur les porte sur son dos d'une rizière à une autre.

Canaux, rizières, lacs, étangs, fleuves, bords de la mer, sont remplis de poisson. Le produit de chaque coup de filet semble une pêche miraculeuse. Les missionnaires assurent que « ce poisson est d'un goût exquis. »

Le P. de Rhodes constate encore qu'un poisson mangé pour la seconde fois préserve du mal de mer, il s'exprime ainsi (1).

« Je crois qu'on trouvera bon que je mette ici un beau secret que les chrétiens de la Cochinchine m'ont enseigné pour n'avoir pas cette incommodité d'estomac, qui est fort ordinaire à ceux qui vont sur mer. Il faut prendre un de ces poissons qui ont été dévorés et que l'on trouve dans le ventre des autres poissons, le bien rôtir, y mettre un peu de poivre et le prendre en entrant dans le navire ; cela donne tant de vigueur à l'estomac qu'il va sur mer sans être ébranlé. Je trouvai ce secret fort beau, mais je le trouvai encore plus agréable dans l'usage, parce que je m'en suis toujours servi depuis, et je n'ai jamais ressenti aucune atteinte de ce mal, qui jusque-là m'avait été très fâcheux. »

Il serait facile de tirer des montagnes du Tonkin les bois nécessaires à la construction des navires et aux exportations ; dans la plupart des forêts on trouve des essences précieuses, telles que le bois de rose, de fer, d'ébène. Louis XVI, dans son traité avec Gia-Long, avait

---

(1) *Voyages et missions* du P. DE RHODES.

notifié qu'il ferait construire à Touranne quatorze grands vaisseaux de ligne, et un nombre indéterminé d'autres bâtiments.

M. Marette, missionnaire, donne d'intéressants détails sur l'industrie tonkinoise : « On fabrique une immense quantité de papier avec l'écorce d'un certain arbre ; les cordes sont aussi faites avec des écorces d'arbres ; d'autres écorces servent à tisser des toiles fort recherchées à cause de leur fraîcheur. Elles sont solides et l'usage en est plus sain que celui des toiles de lin. Le coton, qui atteint au Tonkin et en Cochinchine les plus grandes proportions, y sert aussi à faire des tissus.

« L'un des végétaux les plus précieux est *l'arbre à vernis* que l'on cultive avec soin. Le suc qui découle de son tronc, et celui que l'on obtient par les incisions, donnent, mélangés à l'huile du Tong-chu, un vernis aussi brillant que celui du Japon. Aussi la laque annamite est-elle recherchée à l'égal de celle de la Chine.

« Mais c'est le bambou qui est entre tous les produits du sol le plus utile par ses propriétés presque innombrables. On sait que c'est une sorte de roseau aux tiges multiples, variant de un pouce à huit de diamètre ; il atteint quinze et vingt pieds de hauteur, et croît à ces dimensions en moins d'une année ; ensuite il durcit et épaissit. De la tige, sortent çà et là, des rejetons à longues feuilles épineuses.

« Le bambou sert de bois de charpente et d'amadou, il est léger et dur ; on en fait des colonnes et des toits, des cloisons pour les maisons et des haies pour les champs ; il résiste aux plus lourds fardeaux, et s'assouplit au point de se plier comme l'osier et d'être transformé sans peine en corbeille, boîte ou natte ; il devient papier et tissu ; il résiste à l'eau comme au soleil ; enfin il contient une moelle délicieuse à manger, et une eau très agréable à boire et très saine. »

Les fruits sont également variés et excellents ; les meilleurs sont les mangues, les bananes, les oranges, les papayas, les dattes, les cocos, les ananas, l'arec, le gouavier, et surtout le jaca, dont on a donné la description suivante (1) :

« C'est le plus gros fruit du monde, puisqu'il y en a qui pèsent jusqu'à cent livres ; il sort du tronc même de l'arbre, ou de ses plus grosses branches ; sa couleur, en dehors est d'un vert obscur ; il a une grosse écorce dure, entourée de toutes parts d'espèces de pointes de diamant, terminées par une épine courte et verte dont l'aiguillon est noir. Etant mûr, il rend une bonne odeur ; il est blanc en dedans ; sa chair est ferme, divisée en petites cellules pleines de châtaignes oblongues et plus grosses que des dattes, couvertes d'une pelure grise dont la pâte est blanche comme les châtaignes communes ; elles ne sont bonnes que rôties ; si on les mange vertes, leur goût est âpre et terreux. »

Le P. de Rhodes terminait une énumération des richesses du pays en s'écriant : « Et puis dites que ce pays-« là ne vaut pas le nôtre. » Nous ajouterons : Dites que ce pays ne ferait pas une colonie, dont la position maritime et la richesse territoriale garantiraient à la France un rôle digne d'elle, dans ces contrées où flotte si orgueilleusement le drapeau anglais. »

On a dit : Lorsque le drapeau français flottera sur Tourane, nous serons respectés dans toutes les contrées de l'Indo-Chine.

Les massacres de 1820 à 1840 ne furent pas vengés par nos armes, malgré le traité qui assurait aux chrétiens la

---

(1) *Histoire du Tonquin*, d'après les notes d'un missionnaire, 1778.

liberté de leur religion. « En 1842, cinq missionnaires étaient condamnés à mort, et la sentence aurait été exécutée, sans l'intervention personnelle d'un de ces marins qui représentent si noblement la France partout où ils portent notre pavillon :

« Le 25 février 1843, la corvette française l'*Héroïne* entrait dans la rade de Tourane. Nos braves marins, qui n'ont pas besoin d'ordre pour un sauvetage, venaient d'eux-mêmes réclamer la délivrance des missionnaires, leurs compatriotes. Il fallut l'intelligente énergie du commandant Lévêque pour forcer Thieu-Tien à lâcher sa proie. »

En somme, et par les persécutions renouvelées avec d'autant plus de cruauté, que la France, après avoir menacé, se payait facilement de promesses inexécutées, il est aisé de comprendre que les réclamations, les menaces, et quelques punitions accidentelles ne servent qu'à accroître le nombre des victimes : à mesure que nous avons humilié l'empire annamite, il se venge en frappant les missionnaires et les chrétiens indigènes avec plus de haine. Ce système, dit Mgr Pellerin, l'un des apôtres de la Cochinchine, n'est pas seulement insuffisant, il est dangereux. On irrite le tigre sans lui rien enlever de sa force ; puis lorsqu'il est en fureur, nos vaisseaux disparaissent, et les chrétiens sans défense subissent une nouvelle persécution.

Les Tonkinois chrétiens ont rendu partout dans notre dernière campagne, en particulier à Sontay, les plus grands services en s'enrôlant comme volontaires sous le drapeau ; aussi les ennemis ont-ils donné l'ordre de « traiter les Tonkinois chrétiens comme des Français et de les exterminer. » Les catholiques et les vrais patriotes peuvent encore se dire avec un légitime orgueil, que le nom du *soldat français* demeure synonyme de *chrétien* et de *catholique*.

Seul, le drapeau de la France planté sur le sol annamite y fera triompher la croix, et la nation, *très-chrétienne*, aura une fois de plus justifié son titre et rempli son rôle.

IV

CHINE ET JAPON

Quant à la Chine, l'histoire de la France au Céleste Empire est tout entière dans celle de la mission catholique ; et les commencements de cette mission elle-même, reprise après l'ère des sanglantes proscriptions, se résument dans le court apostolat de M. Chapdelaine.

Né en 1814 et parti en 1851 pour la Chine, le futur martyr évangélisa le Kouy-Tchéou et le Kouang-si. Arrêté le 25 février 1856 à Si-lui-hien, il fut condamné deux jours après au supplice de la cage, et mourut après six heures d'agonie.

La France s'émut du martyre de l'héroïque missionnaire. Un ambassadeur alla demander compte à Pékin du sang injustement versé. Le gouvernement chinois ayant mal accueilli la réclamation de notre envoyé, la ville de Canton fut bombardée et prise d'assaut ; peu après, le traité de *Tien-tsin* ouvrait la Chine entière à nos apôtres, abrogeait les lois contre le christianisme, et ouvrait au vrai Dieu, sous la protection de la France, la cathédrale de Péking.

« Trois cents soldats français trouvèrent la mort dans cette expédition lointaine. Leurs restes ensevelis d'abord sur les montagnes environnantes étaient peu respectés.

Plus d'une fois, poussés par l'amour du gain, les Chinois avaient osé la nuit les déterrer et leur enlever la tête, qu'ils présentaient ensuite aux mandarins comme un trophée digne de salaire. Les commandants français connaissaient cette odieuse profanation ; mais les croix qui marquaient chaque tombe, les murs mêmes qui entouraient le cimetière, n'arrêtèrent pas complètement les païens.

« Mgr Guillemin dut chercher un emplacement plus isolé ; il y fit construire un édicule surmonté d'une croix en granit, au centre duquel un ange en bronze présente la palme de l'immortalité, et semble veiller sur les ossements qui reposent dans le caveau en attendant la résurrection. »

L'étendard de l'Empire du soleil levant, le pavillon blanc au globe de carmin, flotte du 24° au 50° degré de latitude septentrionale, sur toute cette riche ceinture d'îles au nombre de 3,850 qui dominent les eaux du Grand Océan, à deux ou trois jours de navigation du continent asiatique. 32 à 34 millions d'âmes obéissent à une constitution qui se proclame *immuable,* tout comme nos traités d'Europe conclus *à perpétuité*.

Dès 1549, une première mission s'établissait dans l'île de Kiousian, sous la direction de saint François Xavier. Depuis cette époque, les chrétientés du Japon, alternativement tolérées et plus souvent persécutées d'une façon cruelle, avaient été arrosées du sang de nombreux martyrs, sans que jamais aucun missionnaire eût réussi à se faire ouvrir les portes de l'empire.

Quand le traité du 9 octobre 1858 permit le commerce français aux ports de Yokohama, de Nagasaki et de Hakodate, avec la liberté religieuse aux résidents étrangers, les missionnaires de la Société des Missions de Paris, qui menaient une vie de reclus aux îles Lieou-Kieou, s'empressèrent de fonder une mission à Nagasaki. En 1866, Mgr Petitjean, du diocèse d'Autun, put enfin mettre le pied dans le royaume du Mikado. Mais les difficultés et les périls de toutes sortes étaient nombreux...

Déjà plusieurs milliers de néophytes avaient été préparés à la réception des sacrements quand éclata la persécution (novembre 1867). Durant près de six années, les malheureux chrétiens furent en butte aux vexations les plus cruelles : des milliers d'hommes, de femmes et d'enfants furent déportés, emprisonnés, torturés ; plusieurs centaines moururent de misère et de faim. L'orage se dissipa en 1875, le gouverneur japonais étant disposé à la tolérance ; on profita de ses bonnes dispositions pour organiser la mission, établir partout des églises, des écoles et des orphelinats. Actuellement soixante missionnaires ou prêtres indigènes administrent, sous l'autorité de deux évêques, les nombreuses chrétientés. Des religieuses françaises dirigent les établissements d'éducation pour les filles.

Déjà, en 1862, la première chapelle catholique était élevée à Yokohama sous le vocable du Sacré-Cœur, après trois siècles de proscription.

En 1864, Mgr Petitjean parvint à construire à Nagasaki une belle église, dédiée aux vingt-six martyrs japonais canonisés le 8 juin 1862.

L'église possède une cloche, souvenir des amis de France, et un beau vitrail, donné par les Carmélites du Mans.

CHAPITRE X

Le Drapeau au Nouveau-Monde.

I

LE CANADA

Plus heureux que François I*er*, sous lequel l'amiral Verazani, en 1523, et le pilote Jacques Cartier, en 1535, s'étaient contentés d'arborer le drapeau français sur les fleuves du Canada, Henri IV réalisait la pensée de colonisation tentée par Cartier, de Gourgues, La Roche et les autres. En vain, pendant que Champlain fonde la ville de Québec, Potrincourt, chargé d'emmener des missionnaires « pour répandre la foi chez les sauvages par tous les moyens possibles, » veut éluder cet ordre qui déplaît à son incrédulité et met à la voile sans les prévenir, le zèle d'une femme française, la Marquise de Guercheville, triomphe de tous les obstacles. Elle prélève sur les revenus du commerce de pelleteries, dont elle fournit les avances, la somme qui doit couvrir les frais de voyage, et pourvoir au Canada à l'entretien des missionnaires, dont la croix s'unit à l'épée de la France au Nouveau-Monde.

Lorsque le traité de Saint-Germain (1632) restituait le Canada à la France, Champlain, comprenant que les Protestants, nos ennemis en Europe, détruiraient notre action en Amérique, interdit aux calvinistes l'accès de la *Nouvelle France*.

Un Jésuite, le P. Marquette, accompagne en 1677 l'envoyé Français Joliet, qui bientôt est contraint de s'arrêter pour fonder un block-hauss. Marquette continue d'explorer, pour *Dieu et la France* le grand Mississipi, et, monté sur un canot d'écorce, il reconnaît le fleuve jusqu'à sa jonction avec le Missouri. Un recollet, le P. Hennequin, compagnon de La Salle, descend le cours du fleuve (1682). Cinq ans plus tard, La Salle, dans un second voyage, donne à la riche vallée qu'il parcourt le nom de *Louisiane*, en l'honneur de Louis XIV, et presqu'aussitôt les Français y établissent des postes de défense avec des stations de commerce.

Alors, à l'ombre du drapeau, les missionnaires rassemblent les peuplades en congrégations, toute la contrée se prépare à devenir chrétienne. Au récit de la Passion soufferte par un Dieu par amour pour nous, les sauvages enterrent leurs haches en signe de paix, et coupent les plus beaux arbres pour construire la *loge de la Prière*.

Trente réductions, ou villages chrétiens, rappellent les réductions florissantes du Paraguay.

Montréal. — A l'est des Etats-Unis, en partant du lac Champlain, s'élève une île du fleuve Ottawa, qui n'est en Amérique, le pays des immensités, qu'une rivière peu importante, l'île de Montréal, longue de onze lieues et large de cinq ; au milieu, domine une montagne qui semble coupée par une épée gigantesque, et deux rivières s'y rejoignent.

Jacques Cartier, en remontant le Saint-Laurent, abordait en 1535 à l'île de Hochelaga (île actuelle de Montréal); là, raconte-t-il lui-même, plus de mille personnes lui firent l'accueil que pourraient faire les meilleurs enfants à leur père, lui apportant des provisions et même « leurs petits enfants à brassées pour les faire « toucher audit capitaine, faisant toute la nuit plusieurs « feux et danses, disant à toute heure *Aguiaẑé,* qui est « leur dire de salut et de joie. »

Mais plus d'un siècle avait passé avant que Champlain reprenne l'œuvre de colonisation. Il construit enfin plusieurs forts, pose les bases des établissements, et obtient des prêtres qui devaient assurer le succès de l'entreprise en convertissant et pacifiant les Indiens. En 1627, Richelieu organise une société de cent membres, qui s'engage à conduire au Canada seize mille ouvriers ou laboureurs catholiques, à leur donner gratuitement pendant trois années toutes les choses nécessaires à la vie, à veiller au commerce, au fonctionnement régulier des lois publiques, ainsi qu'à l'entretien des prêtres auxquels la colonie était confiée.

Le P. Charlevoix se disposait à partir, lorsque la guerre éclata avec l'Angleterre. Les troupes envahirent le Canada. Mais à la paix de 1632, les Anglais le rendirent, ainsi que Québec. Champlain y rentra pour y mourir, laissant un nom vénéré.

Dès 1641, M. Olier, le pieux fondateur de Saint-Sulpice, organisait une expédition religieuse pour le Canada; M. de Maisonneuve faisait voile vers Québec. Sur un second navire, Mademoiselle Mance s'embarqua pour porter aux sauvages, au prix de sa liberté et de sa fortune, les bienfaits de la foi. Québec tenta vainement de retenir les apôtres; M. de Maisonneuve, bravant tous les dangers, répondait: « Dussè-je rencontrer plus de sauvages que d'arbres, je suis venu pour aller à Montréal; j'irai y établir une colonie. »

C'est le 14 octobre qu'il parvint à la côte de Hochelaga; il éleva des cabanes autour d'une chapelle en bois, pendant que Mademoiselle Mance fondait un hôpital ; bientôt Marguerite Bourgeois, pieuse élève des religieuses de la Congrégation de Notre-Dame du B. Pierre Fourier, établit une communauté pour l'éducation gratuite des jeunes filles.

Montréal, nommée d'abord Ville-Marie (nom conservé à l'établissement des filles de Marguerite Bourgeois), se composait alors d'une chapelle, élevée près d'un grand arbre qui tenait lieu de clocher ; d'une maison d'éducation pour les indigènes, d'un refuge pour les malades, et de quelques tentes au milieu des sauvages errants dans les bois.

Que de cités, que de villes somptueuses en Europe, et surtout en France, n'ont pas d'autre origine que la confiance des peuples, se groupant autour de l'église des missionnaires ou des religieux, civilisateurs, défenseurs, éducateurs, et pères de tous les infortunés !

La ville grandit promptement. Dès 1657, l'abbé Quélus, de Saint-Sulpice, y érigeait un séminaire ; l'île entière était protégée par cet établissement à titre de fief. L'Angleterre, en s'emparant de la Nouvelle-France, a du moins respecté scrupuleusement le traité qui garantissait les privilèges des prêtres, des missionnaires et des communautés. Tandis qu'au scandale des vrais catholiques, le gouvernement nous interdit en France, au nom de la *liberté*, les manifestations religieuses, au Canada, les processions, entourées d'une pompe auguste, sont escortées de soldats anglais en grand uniforme, qui protestent à leur manière contre un état sans Dieu !

Au milieu du XVIII° siècle et pendant la guerre de Sept Ans, l'Angleterre voyait avec une extrême jalousie la Puissance de la France augmenter dans les colonies. Au Sénégal, dans les Indes, aux Antilles et surtout dans l'Amérique septentrionale, où ses deux possessions du

Canada et de la Louisiane la rendaient maîtresse de l'embouchure des deux plus grands fleuves du Nord, le Saint-Laurent et le Mississipi.

L'état florissant de ces colonies donnait au commerce français une extension qu'allait encore favoriser le rétablissement de notre marine. Le cabinet de Londres, résolu de prévenir cette résurrection de nos forces navales, profita des discussions élevées touchant les bornes de l'Acadie, et commença les hostilités sans déclaration de guerre; un de ses amiraux captura à la hauteur de Terre-Neuve (1755) plus de trois cents de nos vaisseaux marchands.

C'est alors que la France lança son escadre sur les îles Baléares, et que le maréchal de Richelieu enleva Fort-Mahon. Mais la France, engagée dans deux guerres à la fois, et par suite des évènements funestes de la lutte, laissait au loin nos colonies sans troupes et sans argent; l'Angleterre nous enlevait la plupart des Antilles et le Canada, malgré l'héroïsme de Vaudreuil et de Montcalm, 1759. Enfin par le désastreux traité de Paris (1763), la France rendait Minorque à l'Angleterre, et lui abandonnait l'incomparable colonie américaine.

Cependant la France monarchique avait eu soin de ne coloniser qu'avec des familles très chrétiennes. Au Canada, ce demi-million d'enfants de la France, qui se nomment *les habitants*, a pour la religion catholique le même attachement qu'au temps de Louis XIII; le curé exerce dans son village, sur ses paroissiens, une autorité toute paternelle, et personne n'imagine de fatiguer les fidèles par une sotte raillerie.

« Ici, écrit un voyageur, l'on a gardé l'usage de notre langue; le peuple lui-même la parle assez correctement.

« Ici, l'on se complaît à narrer les expéditions de nos anciens marins, les courageux voyages de nos missionnaires, la vaillante odyssée de Champlain, les brillants combats qui ont illustré çà et là les rives du Saint-Laurent. C'est la légende vénérée de cet essaim chevaleresque qui traversa l'Océan avec *la croix et l'épée*.

« Chaque famille remonte à la France ; celle-ci est venue de la Normandie, celle-là de la Vendée, cette autre des montagnes du Jura...

« ... Les enfants connaissent dès le bas-âge la chronique de la famille... Je suis entré dans la demeure d'un de ces aimables Canadiens... Un matin, en lisant un journal de France, il y trouve un nom exactement orthographié comme le sien. Il écrit aussitôt à celui qui le portait; quelques semaines après, un honorable notaire du Mans lui envoyait le récit de la vie d'un de ses grands-oncles qui, au XVIIIe siècle, était parti pour la Nouvelle-France, la généalogie de sa famille avec les portraits de plusieurs de ses parents. Le bon Canadien lisait cette généalogie, contemplait ces portraits avec amour.

« Je ne puis dire, ajoute l'écrivain, les douces émotions que j'ai éprouvées dans ce pays, au milieu des fidèles souvenirs de la France. »

II

LA LOUISIANE

Lorsque les Anglais rendirent Québec, en 1632, elle n'avait qu'une centaine d'habitants. Diamant, Jésuite, fils du marquis de Gamache, bâtit un collège, la duchesse d'Aiguillon fonda un hôpital, une jeune veuve, Madame de La Peltrie, établit un couvent d'Ursulines, et notre colonisation française était en réalité une longue chaîne d'œuvres charitables.

Mgr de Laval-Montmorency, premier évêque du Canada (1657), fondait aussitôt un séminaire à Québec et l'unissait à la communauté des Missions Etrangères. Nos missionnaires continuaient leurs courses apostoliques, ils découvraient, au Nord, la Saguenay et avançaient jusqu'à la baie d'Hudson; au Sud, ils exploraient le Mississipi et dotaient notre pays de la magnifique Louisiane.

Cette contrée était, à l'époque de la colonisation, peuplée par dix-huit tribus sauvages dont la plus connue, celle des Natchez, adorait le soleil. Groupés autour du Mississipi et du Missouri, anthropophages, pêcheurs ou chasseurs, les hommes cuivrés avaient vu avec stupeur la flotte de Hermandez de Soto, dont ils contemplaient les navires comme de gigantesques oiseaux déployant leurs ailes. Dans les plis de l'étendard espagnol, vingt-deux missionnaires apportaient la Croix, les religieux seuls savaient adoucir les farouches sauvages; et lorsqu'après la mort de Soto et le départ forcé d'Alvarado, on dut abandonner momentanément la colonisation, quelques religieux demeurés dans les tribus y formèrent ces chrétientés naissantes, dont le P. Marquette rencontra les débris soixante ans plus tard.

Les descendants de ces chrétiens sauvages offraient au vénérable religieux le calumet de la paix, des provisions et des guides.

Toutes les tribus indiennes étaient ennemies des étrangers, sauf celles qui, ayant reçu des missionnaires, avaient appris d'eux à aimer la France. Aussi, à peine Sauvolle et Bieuville furent-ils installés dans leurs cabanes de Biloxi, que deux religieux français, les PP. Montigny et Davion, accueillaient avec bonheur les représentants de la France.

« LE COMBAT DURE SI PEU... LA RÉCOMPENSE EST ÉTERNELLE. » (Page 153.)

Le P. de Montigny, descendant de Gaston de Montigny, porte-étendard de France à Bouvines, avait échangé ses titres de noblesse contre celui de missionnaire. Quant au P. Davion, après avoir évangélisé la tribu des Tunicas, il s'était fixé dans celle des Yazoos plus dociles, et dont la conversion en masse consolait son apostolat. Sur un arbre dominant la colline, le P. Davion avait établi une chaire autour de laquelle il attachait les draperies qui formaient un abri convenable.

Là encore, il déposait un autel portatif contenant les vases sacrés, les ornements nécessaires au saint sacrifice célébré sous les arcs verdoyants du temple végétal. Les Yazoos admiraient et aimaient leur père ; lui cependant, soutenu par son zèle, éclairé par Dieu, prenait à peine de nourriture, devinait les besoins des sauvages, se trouvait au chevet des mourants sans avoir été prévenu, découvrait les délits sans accepter les rapports, et passait pour un être surhumain aux yeux des sauvages, qui lui demandaient un regard de bonté comme « un rayon de soleil pour réchauffer leur cœur. » Aussi quelle désolation, lorsqu'un jour ils le trouvèrent couché au pied de son autel, les mains jointes, les yeux fermés, froid et immobile ! Longtemps après la mort du P. Davion, les petits enfants yazoos étaient présentés par leurs mères au tombeau du missionnaire, dont elles imploraient avec confiance l'intercession près de Dieu.

Formés par les religieux au patriotisme comme à une vertu chrétienne, les indigènes aussi bien que les colons de la Louisiane, demeurèrent, avec ceux du Canada, fidèles à la France. Pendant que les gouvernements posaient ou acceptaient les traités qui donnaient à l'étranger nos belles possessions d'Amérique, les habitants les plus respectés de la Louisiane expiaient par la mort ou l'emprisonnement leur amour de la France.

Deux siècles entiers, nous avons possédé sur le continent américain l'immense espace, qui du golfe Saint-Laurent s'étend par les lacs du Nord, par les rives de l'Ohio et du Mississipi, jusqu'au golfe du Mexique. De ces domaines, découverts, conquis ou peuplés par nos ancêtres, le traité de Paris nous enlevait encore l'Acadie, l'Ile Royale, la Grenade, Saint-Vincent, la Dominique et Tabago. La France ne gardait que la Louisiane, quelques îles, le droit de pêche sur les côtes de Terre-Neuve et dans le golfe de Saint-Laurent, avec les îlots de Saint-Pierre et de Miquelon.

En Afrique, elle perdait le Sénégal sauf l'île de Gorée.

Aux Indes, elle ne gardait que Mahé et Pondichéry, sans pouvoir relever les fortifications,

En 1800, Bonaparte vendait la Lousiane aux Etats-Unis pour quatre-vingts millions.

La guerre valait à l'Angleterre deux mille lieues de terrain et l'empire de l'Océan ; « c'était pour la France, « dit le Pape Clément XIII, le châtiment de tous les « désordres dont elle gémissait » et qu'elle allait expier plus durement encore, par les excès révolutionnaires.

CHAPITRE XI

Résister et agir.

I

C'était au plus fort de l'hiver; une armée nombreuse venait de combattre et de vaincre. Tout à coup arrive un ordre du souverain. A la lecture de cet ordre, le général se trouble, il hésite : « Eh quoi! serai-je donc assez lâche que de reconnaître l'héroïsme de mes soldats par une injonction semblable? Ils ont servi avec intrépidité. Que m'importe la religion qu'ils professent, si elle leur enseigne à devancer les camarades dans l'obéissance, la bravoure et le sacrifice ?

« — Cependant, objecte un centurion, les ordres sont précis, et vous ne sauriez les éluder sans encourir la disgrâce du chef.

« — Ne voit-il donc pas que les quarante officiers dont il poursuit la perte, sont tous jeunes, braves et de différentes provinces ; de telle sorte que leur perte peut amener la révolte dans des contrées diverses?

« — C'est là justement l'habile politique : chaque pays ne se soulèvera pas pour un seul de ses fils. D'ailleurs leur disgrâce, qui va frayer à d'autres le chemin des honneurs, sera vite oubliée; mais votre perte suivra votre hésitation. »

En entendant ces mots, le faible général se décide à

appeler devant le gouverneur des soldats chrétiens!
L'ambition, la crainte honteuse d'un homme, l'emportent sur l'honneur militaire, et quarante officiers paraissent l'un après l'autre devant le juge :

« — Quel est votre nom ?

« — Je suis chrétien! Le nom de mes ancêtres, le mien, importent peu dans la milice du Christ : *Je suis soldat chrétien !*

— Eh quoi! reprend avec bonté le gouverneur, ne savez vous pas, soldat, que le prince a résolu de reconnaître vos services par des récompenses dignes de sa grandeur!

« — Nous tenons à honneur de sacrifier notre vie pour la patrie, nous sommes prêts à combattre jusqu'à la mort au service du prince.

« — Ignorez vous que, pour conserver sa bienveillance, il faut renoncer à toutes les pratiques de votre religion ? Rendez-vous, s'il le faut, secrètement aux temples ; mais n'excitez pas la haine des ennemis de la religion chrétienne, en vous déclarant ouvertement pour *Jésus crucifié !*

« — Si nous avons vaillamment combattu pour un prince de la terre et la patrie terrestre, pensez-vous donc que nous devons reculer au service du Roi éternel, et renoncer à la patrie céleste?

« — Mais perdrez-vous le fruit de vos victoires, abrégerez-vous votre vie par une obstination criminelle?

« — C'est par notre fidélité que nous obtiendrons la vie éternelle ; et sacrifiant la milice avec l'honneur de porter les armes, nous nous assurons une couronne plus durable que celle des empereurs. »

Intérieurement honteux du rôle qu'il venait de jouer, le gouverneur envoya les officiers en prison, les menaçant de les dégrader publiquement s'ils ne renonçaient à *se déclarer chrétiens.* Eux, cependant, comme de généreux soldats, ne songeaient qu'à bien soutenir la lutte ; ils se disaient, dans une parole énergique et vraiment militaire :

« Quoi donc, l'ordre d'un homme fera-t-il céder des officiers, soldats de Jésus-Christ ? Eh ! quelles récompenses attendons-nous qui puissent se comparer à la gloire que Dieu réserve à ses saints ? Notre lâcheté seule pourrait faire triompher de nous. »

Plusieurs jours se passèrent, et dans la prison des soldats, leurs compagnons tentaient d'ébranler la foi des chrétiens : « Ayez un peu de *complaisance*, disaient-ils ; on augmentera votre solde, vous parviendrez aux charges ; ainsi vous étendrez votre influence, vous gagnerez des disciples à la religion... que si vous persistez à vous *montrer chrétiens,* la haine vous poursuivra, et pour n'avoir pas voulu *dissimuler*, vous verrez se déchaîner la haine de vos ennemis, des ennemis du Christ.

« — Oh ! mes amis, s'écrièrent les braves, ne nous séparons pas ni à la vie, ni à la mort ; nous sommes de la même milice, demeurons unis dans la même foi ; nous avons servi le pays au milieu de mille dangers, servons le roi du Ciel au prix de tous les hasards. »

Après une réponse aussi généreuse et connaissant l'intrépidité de ces guerriers, le général qui cette fois avait présidé l'interrogatoire, fit jeter à la face des glorieux soldats une grêle de pierres, qui devaient leur briser la mâchoire ; mais pas une seule n'atteignit le but, tandis que les malheureux exécuteurs de cette cruauté se retirèrent tout sanglants.

Dans la prison, les soldats chrétiens étaient en prière, car loin de mettre leur confiance dans leur vaillance, ils demandaient à Dieu la force de subir tous les outrages si propres à révolter l'honneur du soldat. Aussitôt une voix se fit entendre qui disait :

« Ayez confiance ; ne craignez pas les *combats qui durent si peu!* considérez *la paix qui dure toujours.* » Tombant à genoux avec allégresse, les officiers s'animaient de plus en plus à vaincre toute séduction.

La sentence de leur condamnation était aussi cruelle que honteuse. Dépouillés des vêtements militaires, ils devaient être exposés devant tout le peuple sur un étang glacé, et y mourir dans le supplice affreux de leurs corps mis en lambeaux par le froid. Proche de l'étang, le juge avait préparé un bain *d'eau tiède*, pour ceux qui renonçant à la religion, voudraient conserver leur vie et retrouver leur grade avec leur fortune.

Cruelle et séduisante ironie! C'est bien toujours encore pour de *l'eau tiède*, c'est-à-dire pour un avancement temporaire, pour un minime intérêt, pour une place de quelques jours, pour une fortune que les voleurs ou les hasards font évanouir, que les chrétiens faibles et timides lâchent pied et reculent dans le chemin du devoir! L'on craint *d'avoir froid!..; froid,* c'est-à-dire de manquer des besoins de la vie ; *froid,* c'est-à-dire d'être laissé à l'écart dans la distribution des avantages ou des honneurs ; *froid* au cœur peut-être, c'est-à-dire d'être méconnu, abandonné des anciens amis... Oh! ce sont là bien des *froids* redoutables à la nature ; mais la parole qui a enfanté les martyrs, elle est vraie encore, elle est éternelle : « Ne craignez pas les combats *qui durent peu,* considérez la paix *qui dure toujours.* »

Quant aux officiers chrétiens, ils repoussèrent la main des bourreaux, et se dépouillant eux-mêmes, s'élancèrent dans le lac en s'écriant : « Seigneur, qui nous avez fait entrer quarante dans la lice, faites que nous en sortions quarante victorieux, sans qu'un seul manque à votre divin *appel!* »

Cependant l'un des gardes qui veillait autour de l'étang, remarqua vers la troisième veille de la nuit, des anges lumineux qui descendant du ciel apportaient trente-neuf couronnes aux saints militaires ; il s'étonna de n'en pas voir quarante... mais regardant de plus près, il aperçut un des soldats *mort dans le bain d'eau tiède!...* N'ayant pas eu le courage de souffrir quelques heures l'étang glacé, il était tombé pour toujours dans « l'étang de souffre et de feu. »

Aussitôt ayant éveillé ses compagnons, le soldat païen confessant le nom de Jésus-Christ, se jeta dans l'eau parmi les martyrs dont il compléta le nombre. O miracle ! la lumière miraculeuse avait échauffé l'eau et fait fondre la glace ! de sorte que le jour étant venu, les martyrs respiraient encore. On les acheva à coups de bâtons et leurs corps furent jetés sur des chariots pour être brûlés au loin.

Un seul officier, presqu'un enfant, que sa courageuse mère avait suivi jusqu'au supplice, Méliton, vivait!... Les bourreaux prirent une cruelle pitié de sa jeunesse et tentèrent d'ébranler sa constance.

O noble Méliton, enfant de l'armée chrétienne, serez-vous moins héroïque, moins fidèle que vos aînés ?

Jeunes recrues françaises, céderez-vous à la fascination du plaisir, à l'entraînement de la camaraderie malsaine ?

Bien plutôt, réfugiez-vous dans le souvenir de votre mère, souvenir si près de votre cœur qu'il équivaut vraiment à sa présence ; regardez la mère de Méliton : elle a fait ce que ferait votre mère !

Révoltée d'une compassion humiliante pour son fils, la mère chrétienne le prit entre ses bras... l'enfant réchauffé sur le sein maternel, ranimé par les baisers de l'amour, renouvela son héroïque offrande. Puis la mère posa doucement son fils sur les corps des soldats déjà couronnés, et suivit le chariot jusqu'au bûcher en disant :

« — Mon fils, mon cher enfant, je t'ai mis au monde pour le Ciel ! Souffre encore un instant ! un *seul instant* te reste pour cueillir la palme et recevoir la couronne ! La glace t'a conduit jusqu'à la porte du ciel, le feu va te mettre en possession de ton Seigneur !... Tu m'as été donné de Dieu par grâce, il est juste que je te rende à Lui par amour ! »

Comme elle achevait ces mots, et avant même d'être arrivé au bûcher, Méliton rendait le dernier soupir, et passait des bras de sa mère dans le sein de Dieu !

Ah ! mes amis, soldats chrétiens et soldats français, nous ne pouvons après une si touchante histoire, retenir cette parole que tous vous comprendrez si bien : « Considérez que *le combat dure peu* et que la *récompense est éternelle !* »

Sachez vaincre, non seulement sur le champ de bataille, les ennemis du drapeau, mais dans votre cœur les ennemis de la Croix. Vous qui braveriez la mort pour garder votre nom de *Français,* ne rougissez jamais de votre nom de *Chrétien.*

II

« Les souffrances, dit M. de Maistre, sont pour l'homme ce que les combats sont pour le militaire; elles le perfectionnent et accumulent ses mérites.

« Le brave s'est-il jamais plaint à l'armée d'être toujours

choisi pour les expéditions les plus hasardeuses ? Si le soldat remercie le général qui l'envoie à l'assaut, pourquoi ne remercierait-il pas de même Dieu qui le fait souffrir, en lui envoyant à supporter l'injustice et le malheur ? » « Les austérités religieuses et les campagnes de guerre purifient autrement les hommes que les délices de nos villes... L'homme toujours heureux s'endort, rien ne tient en éveil autant que la présence de l'ennemi, rien ne rend fort autant que la lutte. Observez a nature de l'homme constamment heureux, et voy z comme il est affaibli... voyez les hommes qui surgissent dans les circonstances historiques, les hommes réellement forts, réellement hommes ; ils ont connu le malheur, éprouvé l'injustice ; ils ont été à l'école de l'infortune, cette bonne et vieille école, qui est au moral ce que l'exercice et la gymnastique sont au physique. »

« Ne nous laisons jamais soupçonner, disait Montalembert, de ne pas accepter les conditions d'une époque militante (1). » J'aime cette parole, s'écrie M. Ollé Laprune. Nous vivons dans un temps troublé, difficile, où il faut travailler et lutter. Tant mieux, jeunes gens, tant mieux. Vous ne refuserez, n'est-ce pas ? ni le labeur ni le combat.

« Voyez : rien ne peut se défendre, rien ne peut se conserver, rien ne peut se faire qu'à ce prix. Vous voulez garder intactes vos convictions : travaillez et luttez. Vous voulez contribuer au raffermissement des esprits, à la restauration des vérités essentielles : travaillez et luttez. Vous voulez que la justice fasse des progrès dans la société, que des abus disparaissent, que des réformes s'opèrent : travaillez encore et luttez. Comptez sur votre

---

(1) *Discours prononcé au Congrès de Malines*, 20 août 1863.

effort propre, sur la noble conspiration des bons esprits et des âmes généreuses, et sur l'aide de Dieu : jamais sur un homme privilégié, qui vous dispense, qui dispense tout le monde d'agir et de lutter. »

Certes il nous faut des hommes, des hommes de tête, des hommes de cœur, des hommes de volonté ferme et résolue ; et, quand nous en voyons qui passent, nous avons raison de saluer avec respect, avec espérance. Mais le chef qui guide et qui discipline, l'initiateur même qui montre la voie, qui y fait entrer, ce n'est pas le dictateur qui substitue son action à toute autre action. Ne souhaitez jamais, ni dans l'ordre intellectuel, ni dans l'ordre social, ni en philosophie, ni ailleurs, qu'un homme vienne qui rende inutile votre labeur propre. C'est votre honneur d'avoir à prendre de la peine pour conserver les biens qui font le prix de la vie, et pour les accroître. Ces rêves, où l'on entrevoit une seule tête bien puissante, ou un seul bras bien fort, pour tout remettre dans une assiette solide et ensuite donner le branle à tout, ce sont des rêves malsains.

Devant le péril qui se dresse, on crie, ou l'on voudrait pouvoir crier à un homme : Seigneur, sauvez-nous, car nous périssons. C'est le vœu des gens timides et à courte vue. Que ce ne soit jamais le vôtre ! A Dieu seul il faut crier de nous sauver ; parce que Dieu seul est, dans tous les sens du mot, le Maître, *Dominus et Magister ;* et encore Dieu ne nous sauvera-t-il pas sans nous.

J'oserai dire que sa Providence semble prendre à tâche de déconcerter les espérances paresseuses. « Dieu a fait les nations guérissables, » mais à une condition, c'est qu'elles veuillent de Dieu, de son Christ et de son Eglise.

Ce sera votre tâche, jeunes gens, d'assurer, de hâter le salut de notre monde moderne en lui apprenant à redevenir chrétien. Beaucoup d'autres questions s'agitent : celle-ci les prime toutes, et toutes s'y ramènent. En France, c'est ce qui préoccupe au premier chef, c'est ce qui passionne. Et tout l'univers a les yeux sur la France :

Totus in exemplar regis componitur orbis.

Que fera la France ? elle oscille, elle hésite entre deux directions contraires. Vous travaillerez à la décider.

Vous lui montrerez par votre exemple, et, s'il y a lieu, par votre parole, par vos écrits, que rien au monde ne donne le droit de renoncer au christianisme ni la possibilité de s'en passer; vous lui montrerez en même temps, que le christianisme ne condamnant et ne repoussant que le faux ou le mal, ce qui, dans ce qu'on nomme moderne, est vrai et bon, s'adapte au christianisme, souvent en provient, et doit être recueilli, favorisé, développé.

« Il faut, disait le P. Gratry, imprimer au monde un élan, » vous vous efforcerez pour votre part de sauver la pensée et la société modernes, en les aidant à redevenir chrétiennes. A ce qui est mauvais, il faut savoir résister; mais à résister au mal les forces s'useraient vite, si l'on n'avait point d'élan vers le bien. Résister est indispensable, résister ne suffit pas. *Ne vous laissez pas vaincre par le mal,* dit saint Paul, et il ajoute : appliquez-vous à *vaincre le mal dans le bien.* Il ne dit point seulement *par* le bien, il dit *dans* le bien. Au mal, il faut, dans un élan superbe, opposer le bien, pour l'y abîmer, et c'est cela qui assure la victoire (1).

---

(1) *Discours prononcé au collège de Juilly.*

CHAPITRE XII

Les exemples.

> Auras-tu donc toujours des yeux pour ne point voir,
> Peuple ingrat ! Quoi toujours les plus grandes merveilles,
> Sans ébranler ton cœur, frapperont tes oreilles.
> (Racine.)

Ne semble-t-il pas en effet que parler d'héroïsme, de sainteté, est une pieuse exagération dans notre temps? Mais la sainteté, elle nous enveloppe, nous la rencontrons partout, nous la trouvons aussi dans l'armée... C'est là seulement que nous chercherons aujourd'hui nos modèles.

La sainteté, ce n'est en définitive que la fidélité au *service de Dieu*. Certes, l'*élite* ne sera jamais la multitude ; mais les élus sont nombreux encore, ils sont vaillants sous le casque comme sous la bure... ils doivent devenir chaque jour plus vaillants et plus nombreux.

Sans parler des vivants, rendons hommage à quelques-uns de nos glorieux morts. Etudions-les, dans la partie de leur existence où nous pouvons les imiter tous les jours.

I

LE COMTE DE PARIS

« J'offre mes souffrances à Dieu, pour le salut de mon âme et pour le bonheur de la France. »

Ce sont là, les dernières lignes tracées de la main du

prince. Voilà, France catholique, quel était le digne Fils de saint Louis et de Henri IV, que, pour sa gloire et sa félicité éternelles, mais pour le deuil de la France, Dieu vient de rappeler à Lui.

Sans entrer aucunement dans la vie politique du Prince, nous voulons offrir dans le court abrégé de sa vie de *soldat* et de *chrétien,* un modèle d'autant plus touchant qu'il vient de plus haut; et que toutes les bouches se sont ouvertes pour louer le royal défunt, exemple et modèle si simple que *tous* le peuvent imiter.

Philippe-Louis-Albert de Bourbon-Orléans, comte de Paris, naquit à Paris le 24 août 1838. Il était fils de Ferdinand, duc d'Orléans, et d'Hélène de Mecklembourg-Schwerin.

Le comte de Paris n'avait pas encore dix ans, lorsque la Révolution du 24 février 1848 lui fit connaître, pour la première fois, les tristesses de l'exil.

Le 18 mai 1858, le comte de Paris perdit sa mère, la duchesse d'Orléans.

Après la mort de sa mère, le comte de Paris, accompagné de son frère, le duc de Chartres, entreprit un voyage en Orient. Sa première station fut le pèlerinage à Jérusalem dont il publia un intéressant récit.

A leur retour, ils s'embarquèrent pour l'Amérique, avec leur oncle, le prince de Joinville.

La guerre de sécession venait d'éclater. Les jeunes Princes sollicitèrent d'entrer dans les troupes fédérales, et furent attachés comme aides de camp à l'état-major du général Mac-Clellan, plus tard à celui du général Scott, commandant en chef l'armée du Nord.

On sait quelle part brillante les jeunes Princes prirent à cette longue et terrible guerre.

Dans une correspondance de New-York que publiait

le Times, le 22 juillet 1862, on rendait ce témoignage à la conduite du comte de Paris et du duc de Chartres :

« Le comte de Paris était attaché à l'état-major du général Porter. Pendant plus de quatre heures, il demeura exposé au feu le plus meurtrier, et c'est un vrai miracle qu'il n'ait pas été atteint. Le duc de Chartres avait marché aux premières lignes, avec une division que Mac-Clellan avait envoyée pour renfort dans l'après-midi, et prit la plus grande part à l'action.

La fermeté que déployèrent ces jeunes princes au moment le plus critique de la bataille, lorsque la retraite commença à devenir presque une déroute, excita l'admiration de l'armée entière, et leur valut de la part du général en chef des félicitations publiques. »

Dans une lettre à son frère le duc d'Aumale, le prince de Joinville, vainqueur de Tanger et de Mogador, bon juge en matière de courage, écrivait :

Fort Monroë, 1ᵉʳ juillet 1862.

, ...

« La journée d'hier restera fortement gravée dans mes souvenirs : d'abord à cause des scènes émouvantes dont j'ai été témoin, et ensuite à cause du danger auquel nos deux neveux ont échappé par miracle. Pendant quatre heures, Paris, et pendant deux heures, Robert, ont été sans discontinuer sous le feu de mousqueterie et d'artillerie le plus violent. Leur conduite y a été, comme de raison, excellente. Ils ont été des plus actifs et des plus utiles, et enfin, au moment de la crise, ils ont montré une fermeté qui a fait l'admiration de tous, et leur a valu des remerciements publics. »

Quelle était donc cette guerre dont les premiers bruits trouvaient de tels échos ? Pour quel motif ces hommes allaient-ils s'égorger ? D'où venait cette divergence d'opinions, disons mieux, cette différence sociale, qui divisait l'Amérique en deux fractions ennemies, le Nord et le Sud ? Ecoutez sur ce point Mgr le comte de Paris qui a fait toute cette campagne :

« Cette différence ne reposait ni sur des origines diverses, ni sur des intérêts commerciaux opposés. Elle était bien plus profonde. C'était un fossé s'élargissant chaque jour, creusé entre l'esclavage et le travail libre. C'est l'esclavage qui, prospérant dans une moitié de la République et aboli dans l'autre, y avait créé deux sociétés hostiles. C'est lui qui fut, non pas le prétexte ou l'occasion, mais la cause unique de l'antagonisme dont la conséquence inévitable fut la guerre civile. »

L'écrivain royal qui a tracé ces lignes, s'était engagé dans les armées du Nord, et défendait avec elles la dignité humaine méconnue par le Sud. Car les gouvernements ont eu beau faire en France, ils n'ont jamais pu empêcher un prince d'exposer sa vie pour une noble cause.

Dans le camp ennemi cependant, les illusions étaient grandes, et les rebelles ne doutaient pas un instant de la victoire. En quelques jours s'étaient organisés des corps francs dont les noms feraient sourire, s'ils ne nous rappelaient à nous-mêmes le néant de présomptions semblables qui, en 1870, donnèrent lieu à tant de fantaisistes uniformes. Quoi qu'il en soit, *les Tigres de la Louisiane, les Invincibles de la Nouvelle-Orléans, les Zouaves de feu* déployèrent un véritable courage, et les premiers engagements semblèrent justifier leurs espérances.

« Rien, dit Mgr le comte de Paris, rien, en ce moment d'ivresse qui les précipita dans la rébellion, ne révélait aux hommes du Sud la fragilité de leur nouvel édifice politique. Leur confédération avait grandi en un jour, et ils la voyaient déjà étendre son ombre sur toute l'Amérique, ne songeant pas qu'elle portait dans ses racines un

Enfants de la Nouvelle France (page 143).

ver rongeur, l'esclavage, et que ses institutions fondées sur le despotisme et le mépris de l'humanité, se dessècheraient au souffle brûlant de la guerre civile.

La victoire resta aux défenseurs de l'Union, mais au prix d'effroyables sacrifices. Sur notre route, chaque station rappelle un sanglant souvenir, et la vallée de Shanandoa a été le théâtre de véritables égorgements. »

A son retour d'Amérique, Mgr le comte de Paris, que les questions sociales ont toujours vivement intéressé et préoccupé, voulut étudier par lui-même et dans tous ses détails, la situation des classes ouvrières dans les divers pays d'Europe.

Il fit paraître plusieurs publications importantes, qui témoignèrent d'une généralité de connaissances et d'une profondeur de vues, bien rares même chez des hommes d'un âge mûr.

Dans une étude que publia le 1er février 1863, la *Revue des Deux-Mondes*, le Prince terminait ainsi son admirable travail :

« Un des plus beaux progrès de notre siècle, est d'avoir élevé la charité au rang d'un devoir social et d'un droit politique. Pour se rendre un compte précis et complet du phénomène de misère et de charité qui se produit en ce moment en Angleterre, il faut aller en quelque sorte de la charité à la misère. »

La charité du prince pour les pauvres, sa générosité pour les Œuvres, sa sollicitude personnelle et sociale pour le travail et les classes ouvrières, étaient inépuisables, et dépassaient, de beaucoup, ses ressources limitées.

Nul ne connaissait mieux les questions sociales, si palpitantes et si menaçantes.

Il les envisageait en chrétien et en arbitre suprême, impartial et désintéressé.

Il avait traité, à fond, et en expert, les questions

sociales dans ses ouvrages « les Unions ouvrières, » puis, « la Liberté d'association. »

Il avait étudié l'Encyclique admirable « de la condition des Ouvriers » du Pape Léon XIII, qui avait daigné Lui en adresser un exemplaire spécial ; et, il pensait avec Lui, que ces questions doivent être jugées et résolues, avec justice comme avec charité, sans passions et sans utopies.

Nous arrivons à l'année 1870. La guerre est déclarée ; la patrie envahie.

Le gouvernement impérial, comme plus tard celui du 4 Septembre, refusent aux princes le droit qu'ils n'ont cessé de réclamer, de rentrer dans leur pays pour défendre cette Patrie française que leurs aïeux ont fondée et constituée.

Mgr le comte de Paris écrit au général Dumas :

Twickenham, 20 ...

. . . .

« Que d'évènements depuis treize jours ! Quels coups pour tous les cœurs français ! Vous devez comprendre tout ce que nous souffrons devant ce désastre national, dont, pour aggraver nos souffrances, nous sommes condamnés à être les spectateurs inactifs. Le refus opposé à la demande de mes oncles et de mon frère est, à ce point de vue, un coup cruel.

« Et ce qu'il y a peut-être de plus dur, c'est que dans notre insistance désintéressée, on ne verrait peut-être que les calculs d'une ambition inquiète. Mais ne songeons pas à nous, ne songeons qu'à cette admirable armée qui soutient l'honneur de la France, et à tous les nouveaux combattants qui, devant Paris, sauveront notre pays de la dernière des humiliations.

Tout à vous,

LOUIS-PHILIPPE D'ORLÉANS.

Les désastres s'accumulent, Mgr le comte de Paris renouvelle sa demande d'être autorisé à servir, même comme simple soldat, dans les armées de la France.

Le 17 janvier, il écrit au général de Chabaud-Latour :

« La délégation de Tours-Bordeaux n'a pas cru pouvoir revenir sur la décision prise par le gouvernement tout entier, ne comprenant pas combien la situation était changée, ou plutôt cédant à la crainte de s'aliéner les fanatiques qui abusent du nom de la République, et prétendent toujours imposer leurs fantaisies et leurs passions, aux républicains modérés.

« Dans ces circonstances, je me suis adressé directement au général Trochu, lui demandant de vouloir bien, en sa qualité de président du gouvernement de la Défense nationale, faire cesser l'interdit qui m'empêche, jusqu'à présent, de porter les armes pour la France. Je n'ai pas encore sa réponse. Si elle était favorable, je serais prêt à servir sous un nom d'emprunt, de manière à ménager les susceptibilités les plus extrêmes. Tout ce que je demande, c'est une recommandation d'un ministre du gouvernement, permettant à M. X... de se présenter à telle armée active qui lui sera désignée, pour y obtenir l'emploi qu'il pourra. Le gouvernement ou son président saurait seul que M. X..., c'est moi, car je ne veux pas tenter de m'insinuer dans l'armée française à son insu.

. . . .

« Il me semble que vous devez comprendre combien l'inaction me ronge en ce moment, et je tenais à vous prouver que je faisais tout ce qu'il m'est matériellement possible de faire pour en sortir. » . . . .

La guerre terminée, l'Assemblée nationale abroge, le 8 juin 1871, les lois d'exil, et Mgr le comte de Paris put rentrer sur le sol français.

Mais lorsqu'en 1885, les électeurs laissés à leur liberté

envoyaient aux Chambres une majorité monarchique, la *minorité* révolutionnaire trouvait le moyen de faire voter la loi d'exil.

Le 24 juin, Mgr le comte de Paris, accompagné de sa famille, quittait au Tréport, la terre de France qu'il ne devait plus revoir.

Il se réfugia en Angleterre, où ce prince qui avait connu le malheur, s'appliqua surtout à le soulager. Les feuilles publiques ont transcrit un touchant récit d'une des visites que le comte de Paris multipliait pieusement :

II

LE COMTE DE PARIS CHEZ LES PAUVRES

« ... Vers une heure de l'après-midi, la sonnette de la porte se fait entendre et le visiteur annoncé est M. le comte de Paris, lui-même et seul. « Je viens, dit le « Prince, pour visiter les pauvres de Leicester-Square. « Le R. P. Thomas serait-il assez bon pour m'accompa-« gner ? » Et sans plus de cérémonie, on se met en marche vers le pauvre quartier.

« Pendant quatre heures et sous une pluie battante, ce n'est que montée et descente, de galetas aux sous-sols ou plutôt jusqu'au fond des caves. Pour se faire une idée de la misère qui règne dans ces réduits, il faut y pénétrer et voir parents, enfants, vieillards, grouillant ensemble et manquant de tout.

« Quelle admirable bonté et quel cœur vraiment royal, le comte de Paris, en entrant dans ces pauvres demeures, a su montrer à tous ces infortunés ! Que pénétrante était sa parole, non seulement par sa sympathie et par sa bienveillance, mais par son esprit vraiment chrétien ! Chez tous, il réveillait la foi et l'espérance chrétienne, et en même temps il déposait discrètement dans leur main quelques pièces d'or, pour apporter un peu d'aisance et de joie au foyer.

« Il aurait fallu voir le Prince penché sur les grabats, s'entretenant des besoins des familles, s'intéressant à leur existence, s'attristant au récit de leurs épreuves, et relevant toujours les courages par les pensées de la religion. — En particulier auprès de cette pauvre femme au visage dévoré par un cancer, comme il était bon, souriant, et comme il lui parlait de Dieu et des espérances du ciel !

« En vérité, il est beau de voir un prince se mettre au service des pauvres, les visiter et les soulager.

« On dira que c'est du mysticisme d'un autre âge, et que notre époque est plus positive et plus pratique ; qu'elle préfère, à tout ce qui gêne par trop la délicate nature, les sports, les coulisses de théâtre et les bals de bêtes. Oui, cela est bien plus moderne et bien moins gênant. Mais nous croyons plus digne d'un prince, et plus salutaire pour son pays, de suivre les traditions si admirables de saint Louis et les magnifiques exemples des saintes reines de France. »

Ayant ainsi vécu, le Prince-chrétien pouvait mourir.

C'est à la plume autorisée et éloquente de Mgr d'Hulst que nous emprunterons les détails intimes dont on ne saurait trop multiplier la propagation.

III

UNE AME ROYALE ET CHRÉTIENNE

« Pour qu'une vie soit déclarée grande devant les hommes, il faut que trois éléments, toujours séparables, s'y trouvent réunis : des facultés éminentes, l'effort qui les développe, enfin le sourire du sort. Le premier élément est le don de la nature ; s'il fait défaut, l'homme reste médiocre. Le second est l'œuvre de la liberté ; s'il manque à le tirer de lui-même, l'homme reste inférieur à sa destinée. Le troisième est dans la main de la Providence ; si elle le refuse, c'est en vain que les qualités les plus rares seront mises au service du plus généreux vouloir ; et le monde, qui ne voit que les apparences et n'estime que les résultats, passera inattentif à côté d'une figure faite pour exciter l'admiration.

Heureusement, Dieu est plus juste ; et tandis qu'avec une sorte de dédain pour les célébrités de la terre, il laisse tomber indifféremment sur les bons et sur les méchants les rayons de son soleil, les gouttes de sa pluie et les faveurs du succès, il réserve son approbation souveraine à la vertu ; il lui décerne à l'avance, dans le secret de ses conseils, les seuls lauriers qui ne se flétrissent jamais.

Ces pensées hantaient notre esprit, tandis que, agenouillé naguère derrière une royale famille en larmes, auprès d'un chevet d'agonie, nous suivions, heure par heure, les péripéties de la lutte suprême qu'une grande âme soutenait contre la mort.

Quinze jours à peine se sont écoulés, depuis que l'héritier du sang de France a succombé sur la terre étrangère à l'étreinte d'un mal implacable. Dans ce court intervalle, on a tout dit sur le comte de Paris, si c'est vraiment tout dire que de rappeler les vicissitudes dont sa courte carrière fut traversée.

... Mais si l'on s'en tient là, c'est assez pour commander le respect, c'est trop peu pour assurer au prince que nous pleurons une longue mémoire. Admis à pénétrer depuis longtemps, dans la partie intime d'une existence dont tant d'écrits viennent de raconter le dehors, nous y avons trouvé des leçons et des exemples qui ne doivent pas rester perdus pour la France. Notre désir d'écarter les voiles dont la modestie du défunt les a couverts, a reçu d'augustes encouragements. C'est donc une âme que nous voulons montrer, une âme royale et chrétienne. Considérée par ce côté, la noble figure du comte de Paris n'est point menacée de disparaître : les traits immortels de la beauté morale la défendent contre l'oubli.

« Ce fut une âme royale », écrit Mgr d'Hulst.

Le but de notre publication ne nous permet pas de reproduire utilement pour nos jeunes lecteurs cette première partie du remarquable travail (1). Mais nous citerons avec l'éminent prélat le *Testament* du Prince ; il donne à tous, aux petits comme aux grands, la grande leçon, la leçon suprême de la soumission à Dieu, souverain maître, souverain juge et souverain rémunérateur.

Voici ce Testament :

« Il m'a toujours paru fort imprudent, même pour les princes et les hommes d'Etat qui ont joué un grand rôle parmi leurs contemporains, d'écrire un testament poli-

---

(1) Publié au *Correspondant* et dans un opuscule populaire, sous ce titre : *Ame royale et chrétienne.*

tique. Pour qu'un tel document puisse être vraiment utile à leurs successeurs, il faudrait qu'ils eussent reçu le don de lire dans l'avenir, don qu'il faut remercier Dieu de nous avoir refusé.

« Aussi, au moment où je me prépare tout particulièrement à comparaître devant ce Souverain Juge, n'ai-je pas l'intention de tracer une ligne de conduite à mon fils. Il connaît mes pensées, mes sentiments, mes espérances ; il aura toujours pour guide la conscience de ses devoirs et l'amour passionné de la France, qui est la tradition invariable de notre Maison.

« C'est à mes amis que je tiens à dire un dernier adieu, au moment de terminer une vie que je n'ai pu consacrer aussi utilement que je l'aurais voulu au service de notre pays. Et je ne m'adresse pas seulement à ceux avec qui j'ai été en relation directe. J'appelle amis ou amies toutes les personnes, quelle que soit leur condition sociale, qui de mon vivant ont fait des vœux pour le succès de la cause monarchique, et qui prieront Dieu pour moi au jour de ma mort. Ce m'est une consolation de songer qu'elles se souviendront de moi lorsque des jours plus heureux luiront sur la France, lorsque, comme je le souhaite avec ardeur, les passions politiques et religieuses qui divisent en ce moment si profondément les enfants d'un même pays seront apaisées.

« Cet apaisement ne pourra être que l'œuvre de la Monarchie nationale et constitutionnelle. Seule, elle pourra réunir dans un effort commun tous les dévouements, tous les élans généreux qui, à l'honneur de notre pays, ne sont le monopole d'aucun parti.

. . . .

« Mon but a toujours été de conserver le dépôt du principe traditionnel dont ma naissance m'avait constitué gardien, et de prouver à la France que ce principe n'avait rien d'incompatible avec les idées modernes, avec notre état social actuel.

« En transmettant cet héritage à mon fils aîné, je demande à tous mes amis de se serrer autour de lui. J'ai confiance dans l'avenir, j'espère qu'ils partageront cette confiance. Elle sera leur soutien au milieu de toutes les épreuves, et le gage de leur succès final.

« Je ne puis pas croire en effet que Dieu ait pour toujours abandonné la France, le pays auquel il a donné saint Louis et Jeanne d'Arc. Or, pour qu'elle se relève, il faut qu'elle redevienne une nation chrétienne. Une nation qui a perdu le sentiment religieux, où les passions ne sont plus contenues par aucun frein moral, où ceux qui souffrent ne trouvent pas un motif de résignation dans l'espoir de la vie future, est destinée à se diviser, à se déchirer, à devenir la proie de ses ennemis intérieurs ou extérieurs.

« Le premier devoir de mes amis, est donc d'arracher la France à la voie funeste qui la conduirait à une telle catastrophe. J'espère que dans cette œuvre de salut ils verront se réunir à eux tous les honnêtes gens, que l'expérience ne peut manquer d'éclairer un jour. C'est le dernier vœu de l'exilé, pour une patrie à laquelle il recommande à ses enfants de rester toujours dévoués et fidèles. »

Stowe-House, 21 juillet 1894.

PHILIPPE, COMTE DE PARIS.

« Si le Prince qui vient d'être ravi à notre affection continue Mgr d'Hulst dans la seconde partie de son travail eut une âme royale, sa vie a montré à ceux qui l'approchaient, sa mort a révélé au monde entier, qu'il eut surtout une âme chrétienne.

Ici, je n'aurai qu'à laisser parler mes souvenirs, et la discrétion m'obligera de faire un choix; car il est des confidences dont la mort même ne saurait permettre de disposer, encore bien qu'elles n'aient pas le caractère d'ouvertures de conscience. J'userai donc avec discrétion des observations que j'ai pu faire et des communications que j'ai pu recevoir, grâce à l'accès qu'une haute et bienveillante amitié, remontant aux premiers jours de notre enfance, m'a ouvert auprès du Prince, presque à toutes les époques de sa vie, mais bien plus fréquemment et d'une façon plus intime dans ses dernières années.

Le comte de Paris a toujours été un chrétien sérieux et convaincu. Sa mère, la duchesse d'Orléans, dont on peut apprécier diversement le rôle politique, mais dont nul n'a jamais contesté la haute valeur morale, appartenait à la communion luthérienne. Ses sentiments religieux étaient profonds et sincères; elle restait attachée à son église, mais elle observait loyalement la promesse qu'elle avait faite de laisser élever ses fils dans la religion catholique. Investie par la mort du duc d'Orléans de toute la responsabilité de leur éducation, elle ne se contentait pas de respecter leur liberté de conscience, elle veillait en mère consciencieuse et chrétienne, à ce que rien ne manquât à leur formation religieuse. Laissons parler le gracieux écrivain (1) qui a raconté sa vie avec le double charme du talent et de l'amitié. « Les pensées religieuses qui ont toujours tenu la première place dans le cœur de Madame la duchesse d'Orléans, alors même que l'activité de la vie semblait distraire son esprit, la pénétraient de plus en plus. Elle était à la fois trop sérieuse et trop sincère pour aborder ces sujets quand elle se sentait

---

(1) *Madame la duchesse d'Orléans*, par la marquise d'Harcourt. — Paris, Michel Lévy, 1859, pp. 210, 212.

absorbée par des préoccupations du moment, ou quand elle ne pouvait en parler avec un complet abandon; mais elle y revenait par la pente naturelle de son esprit; et, plus ses espérances pour cette vie avaient été trompées, plus elle cherchait des ressources dans sa foi; mais que de souffrances là encore! La forme si triste du culte anglican ne plaisait pas à son imagination. Elle n'y retrouvait ni sa langue ni les formes qui lui rappelaient son enfance et son pays. Elle s'associait à ses fils, en tout ce que ne lui interdisait pas la doctrine qu'elle professait. Aux jours de fêtes catholiques, elle les accompagnait à l'église, faisait régulièrement chaque soir avec eux des lectures de piété; et son esprit, toujours occupé à chercher des points de contact, trouvait dans ces occupations communes une grande joie, une véritable sympathie même, sur les fondements de la foi chrétienne. Mais elle était trop loyale pour vouloir chercher une complète union de sentiments là où elle savait que des différences devaient subsister. Elle avait promis de faire de ses fils de fervents catholiques, elle l'avait fait; elle restait protestante. Il ne faut donc pas s'étonner du sentiment un peu mélancolique que le retour du dimanche rendait toujours plus sensible, car elle seule demeurait isolée au milieu de tous ces groupes de chrétiens. Tout esprit de controverse, Dieu le sait, est bien éloigné de nous en présence de cette âme si sincèrement, si profondément religieuse; mais comment ne pas la plaindre d'avoir été privée d'une consolation accordée à tous les siens, l'unité dans une même foi? »

A l'appui de ces appréciations du biographe, citons encore la princesse elle-même, dans le récit qu'elle fait à une amie de la première communion du comte de Paris :

« A huit heures, le 20 juillet 1850, nous allâmes avec

le roi et la reine, suivis de toute la famille et des amis fidèles et nombreux qui étaient venus, à la petite chapelle française de Londres. Paris fut placé au pied de l'autel, entre le roi et moi, devant un prie-Dieu surmonté d'un cierge allumé. Il portait au bras gauche une écharpe blanche, emblème de la pureté. Avant la messe, l'abbé Guelle lui adressa une belle et touchante exhortation ; puis la messe fut dite par l'évêque de Londres, le docteur Wisemann, un prêtre très honoré par le clergé français. Avant le moment de la communion, l'évêque lui dit également quelques paroles fort belles, puis l'abbé Guelle conduisit le cher enfant vers l'autel. Il se mit à genoux et reçut le corps de son Dieu avec un respect et un recueillement qui étaient édifiants. En revenant à son prie-Dieu, il passa près du roi qui leva la main pour le bénir. Puis ce cher enfant se tourna instinctivement vers moi, et me regarda d'un regard que je n'oublierai jamais et que rien ne saurait rendre. L'évêque lui adressa encore une fois la parole ; puis la messe finit et nous quittâmes la chapelle profondément émus. Le maintien de Paris fut surprenant pour son âge ; la candeur et la dignité régnaient dans tout son être, aussi tout le monde en fut pénétré, non seulement le roi, qui lui dit que c'était une des plus belles journées de sa vie, non seulement la reine et mes frères qui étaient profondément émus, mais les étrangers, des indifférents, des curieux, tous étaient frappés de cet enfant si pur, si grave et si simple. Tout le monde pleurait de sympathie et d'attendrissement. Le pauvre Robert a été pénétré pendant cette cérémonie. A deux heures, nous nous retrouvâmes tous à la chapelle, excepté le roi dont la santé exige de grands ménagements. L'évêque revint encore. On chanta les vêpres ; l'abbé Guelle fit un discours touchant, puis Paris, au pied de l'autel, lut à haute voix, de l'accent le plus ferme, le renouvellement des vœux du baptême. Enfin, nous rentrâmes, le cœur rempli d'actions de grâces envers ce Dieu qui aime et bénit les enfants. »

« On aurait pu craindre que l'influence d'une mère tendrement aimée laissât pénétrer à son insu dans l'âme de son fils une teinte d'esprit protestant. Mais la nature avait prémuni le comte de Paris contre ce péril. Son esprit judicieux et ferme, allait droit aux conclusions logiques de la vérité aperçue. Le protestantisme lui a toujours paru un intermédiaire mal défini entre le christianisme intégral et la libre pensée. Autant il respectait la foi de sa mère, autant il était peu tenté d'échanger la doctrine consistante et pratique du catholicisme, contre les inconséquences et les fluctuations des symboles réformés.

La pente de son intelligence en philosophie n'était pas du côté métaphysique, et c'est encore là ce qui l'a rendu réfractaire à la séduction périlleuse des systèmes philosophiques de l'Allemagne. Des appréciateurs malveillants ont dit que c'était un Allemand; je n'ai jamais rien connu de plus français que son esprit; et si l'on y voulait voir à tout prix une marque étrangère mêlée à l'empreinte du caractère national, je dirais que ce fut la marque anglaise, celle du sens pratique et aussi du sens moral. Il ne séparait jamais la religion de la conscience. Le christianisme était pour lui la plus haute expression de la vérité morale, le grand secours ménagé par Dieu à la faiblesse de l'homme pour l'aider à embrasser, à étreindre le devoir. Aussi ne faut-il pas s'étonner du sentiment qu'inspirait à sa mère le développement de sa personnalité, sous la double inspiration de la foi en Dieu et de l'amour du bien. « Je ne peux exprimer, disait-elle, le changement qui s'est fait à l'égard de Paris : ce n'est plus moi qui le protège ; je me sens protégée par lui ; j'aime à lui voir une conscience séparée de la mienne. Quand il n'est pas de même avis que moi, j'en ai presque de la joie. J'ose le dire, j'ai pour lui du respect (1). »

Pendant les dernières années de l'Empire, je n'ai point eu de relations avec le comte de Paris; mais tous les indices que j'ai pu recueillir me portent à croire que, même dans l'ardeur de la jeunesse, même à travers les hasards de la guerre d'Amérique, le Prince n'a jamais cessé de placer la rectitude de sa conduite morale sous l'égide d'une religion pratique; religion un peu froide peut-être à certaines époques, mais toujours assez puissante pour lui commander le respect des choses divines et le respect de lui-même.

Son mariage avec sa cousine, la princesse Isabelle d'Orléans, fille du duc de Montpensier, célébré au mois de mai 1864, n'était point une de ces alliances que la politique impose trop souvent aux princes : c'est sous la dictée d'un cœur aimant et pur qu'il choisit la compagne de sa vie, et jamais union n'a mieux mérité le beau nom de mariage chrétien. En un temps où les privilégiés de l'existence portent, par leurs désordres, de si rudes atteintes à une institution qui est le pivot de l'ordre social, ce fut un beau spectacle que celui de ce couple princier, uni durant trente ans par l'affection la plus tendre et la plus fidèle. Tous ceux qui ont eu l'honneur d'approcher le comte de Paris dans l'une quelconque de ses résidences, soit en France, soit en exil, ont remarqué deux tables jumelles placées à côté l'une de l'autre : c'était le bureau du Prince et celui de la Princesse : touchant symbole d'une intimité que l'étude même ne pouvait interrompre, et qui maintenait, jusqu'à travers le silence, la parfaite communication des âmes.

(1) *Op. cit.*, p. 203.

Huit enfants naquirent de cette union. Deux sont morts en bas âge. L'aînée de tous règne aujourd'hui sur le Portugal ; elle a fait asseoir avec elle sur le trône la beauté et le charme, la raison, le courage et la vertu. Le second enfant, est ce jeune prince qui a séduit le cœur de la France par sa gracieuse et brillante équipée de 1890, et sur qui pèsera désormais le lourd fardeau que la naissance impose à l'héritier d'un principe, d'un devoir et d'un droit. Après lui vient une princesse, dont tous ceux qui l'approchent, subissent l'ascendant irrésistible, fait de noblesse et de grandeur, de grâce et de bonté. Moins attachée à la foi catholique, elle n'aurait eu qu'à étendre la main pour mettre un jour sur son front la couronne d'Angleterre, et peut-être celle de Russie. Deux autres jeunes princesses et un enfant de dix ans, héritier du titre de duc de Montpensier, complètent la lignée royale. C'est dans ce cercle d'affections douces et partagées, que s'est écoulée la vie du prince, qui travaillait encore au bien de son pays en relevant par l'exemple l'idéal des vertus domestiques.

« L'un des traits qui caractérisent le plus sûrement le chrétien, c'est la charité. Il est de mode aujourd'hui de dédaigner l'aumône, d'y montrer une forme arriérée, maladroite et stérile de la bienveillance envers ceux qui souffrent. Le comte de Paris était trop pénétré des maximes de l'Evangile pour partager ce préjugé. Sans doute, il se préoccupait d'améliorer les conditions économiques de l'existence du grand nombre. Dans ses vastes domaines, il savait, par des entreprises intelligentes, assurer du travail aux malheureux ; et rien que pendant le dernier hiver, qui fut pour l'Espagne méridionale presque une période de famine, il fit régner l'aisance autour de lui, dans sa propriété d'Andalousie, en distri-

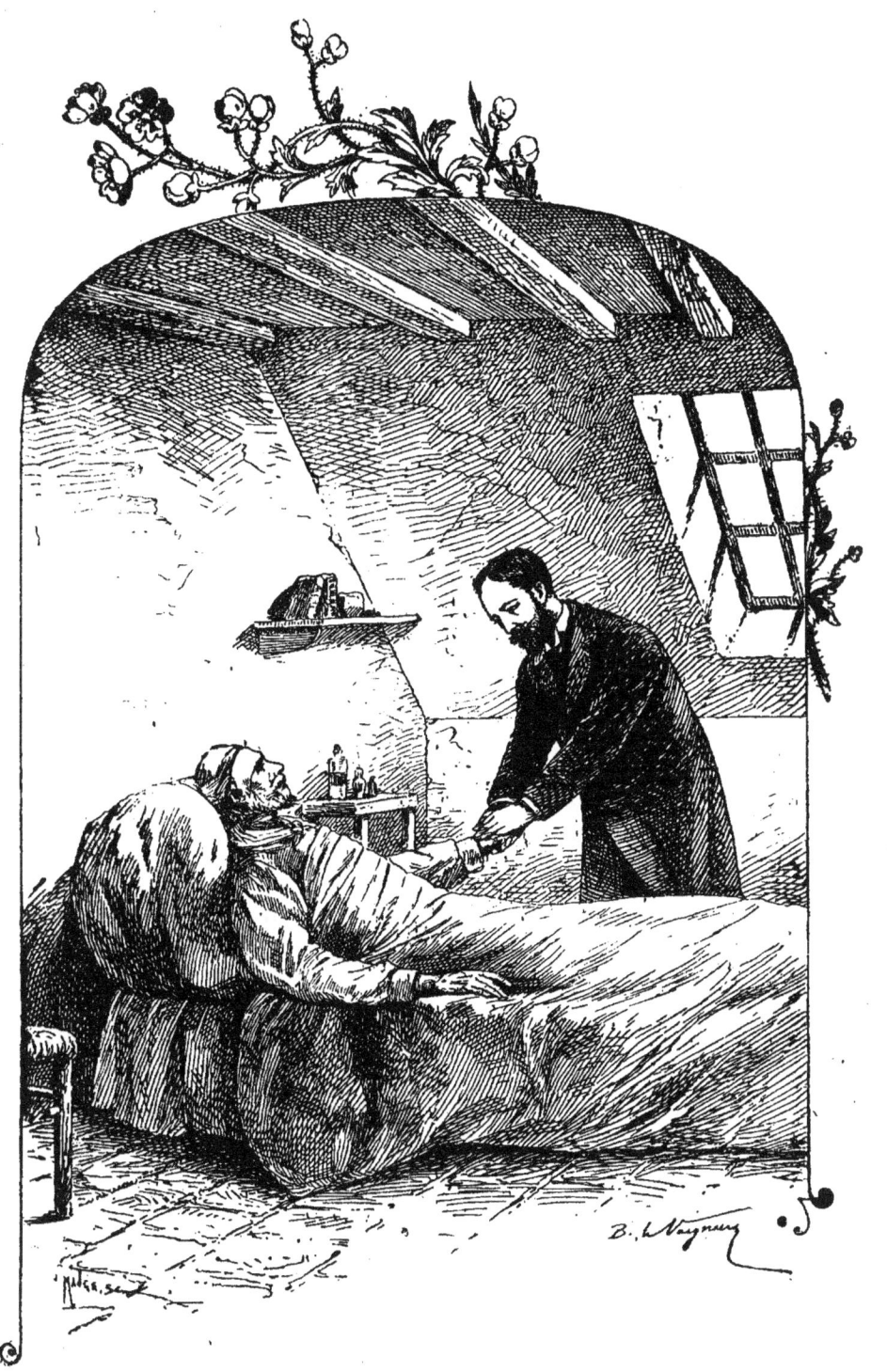

Le Comte de Paris au chevet des pauvres (page 166).

buant 200,000 francs de salaires aux paysans. Mais l'aumône proprement dite ne saurait être remplacée. N'est-ce pas à elle d'ailleurs que s'adressent le plus directement les promesses du souverain Juge? Le Prince la pratiqua toujours largement. Quand sa fortune, d'abord modique, fut devenue considérable, il se signala partout par ses libéralités aux pauvres, aux établissements de bienfaisance, aux écoles, au Denier de Saint-Pierre. Il a fallu toute l'injustice des partis pour taxer d'avarice celui qui, obligé, pour sa cause politique, de dépenser, en ces dernières années, plus que son revenu, trouvait encore dans son cœur l'inspiration des plus généreuses largesses. Je parle ici de ce que j'ai vu, et j'ai peu de souci du préjugé contraire, car il ne saurait tenir contre les faits.

La pureté des mœurs et la charité, sont les fruits principaux de la vie chrétienne : la tige qui les porte, c'est la piété, c'est-à-dire le sentiment filial envers Dieu. L'éducation qu'avait reçue le comte de Paris lui avait inspiré plus de religion que de piété. Mais, à la différence de tant d'autres, qui désapprennent à l'école de la vie les leçons qui ont formé leur enfance, le Prince sut acquérir ce qui lui manquait, sans perdre ce qu'il avait reçu. Il resta le chrétien austère et grave que sa mère admirait; il devint, sous l'aiguillon de l'épreuve, le chrétien humble et tendre qu'il n'était pas tout d'abord.

Durant les quinze années de bonheur domestique qu'il lui fut donné de vivre entre ses deux exils, j'avais pu remarquer chez lui un progrès lent, mais continu, vers une conception plus intime des rapports de l'âme avec Dieu. La première communion de chacun de ses enfants fut pour lui l'occasion d'un pas en avant, dans cette voie qui conduit au christianisme intérieur. Certaines expressions des lettres qu'il m'écrivait alors, m'apportaient à cet égard une surprise et une joie.

Mais la croix restera toujours la grande initiatrice des âmes à la vie divine. Dès 1886, au lendemain des fêtes joyeuses du mariage de la princesse Amélie avec le duc de Bragance, le comte de Paris dut passer de nouveau en proscrit ce bras de mer qui l'avait si longtemps séparé de son pays. Il faut savoir combien il aimait la France, combien de la France il aimait tout, son sol, son climat, ses mœurs ; quelles douces habitudes il s'y était formées en si peu de temps, pour comprendre ce que fut pour lui l'amertume de ce départ, ce que la succession des années, en reculant l'espérance du retour, ajouta à ses tristesses. Mais ce n'était encore là que le commencement de son calvaire. Tout le monde sait quelles épreuves le frappèrent coup sur coup à partir de l'année 1889 : Ce qu'on sait moins, ce que tous ignoraient naguère encore, même dans sa propre famille, c'est que le mal cruel auquel le prince vient de succomber remontait au printemps de cette même année 1889, qu'il lui fut révélé dès l'origine, avec son caractère incurable, avec ses chances incertaines d'échéance éloignée ou prochaine, et que, durant cinq ans et demi, cette âme intrépide vécut en face de la mort, sans pouvoir jamais se promettre au delà de quelques mois de vie.

Porter presque seul un tel secret, vaquer néanmoins, avec une sérénité parfaite, à tous ses devoirs privés ou publics, et mener de front, avec le labeur accoutumé, — le sien était immense, — un travail intérieur de rénovation spirituelle pour se préparer au grand passage, tel est le spectacle, d'une incomparable grandeur, que le comte de Paris a donné aux deux ou trois confidents qu'il avait initiés à la douloureuse réalité. En dehors de la Vie des saints, je ne connais pas d'exemple d'une pareille force morale.

Pour le maintenir à la hauteur d'une telle épreuve, ce

n'était pas trop de toutes les ressources qu'offrent la piété chrétienne et le commerce avec Dieu. Le Prince le comprit dès la première heure. Il ne demanda pas à un orgueil stoïque le secret de son énergie : il s'humilia devant son Créateur, il s'approcha plus près de son Sauveur, il devint homme de prière, il reçut plus fréquemment le sacrement de vie et d'amour; il compléta, par des lectures méthodiques, ses connaissances religieuses. Il fit plus : et avant de révéler la preuve touchante qu'il fournit tout ensemble de sa résignation et de sa foi, je sens le besoin d'invoquer l'autorisation expresse qu'il m'en a donnée trois jours avant sa mort.

Donc au mois d'août 1889, lorsque, depuis cinq mois déjà, il se savait frappé, le Prince fit un vœu à Notre-Dame de Lourdes. Il ne demandait pas sa guérison, s'en remettant entièrement à la volonté de Dieu. Mais, pour terminer de graves affaires politiques et domestiques, il demandait un an de vie.

L'année suivante, le mal n'avait pas fait de progrès sensibles. Monseigneur avait pu faire un voyage depuis longtemps projeté à la Havane. Peu de mois après son retour, il avait eu la joie de serrer dans ses bras le duc d'Orléans, sorti de Clairvaux; il avait pu dissimuler à tous sa souffrance, et vaquer à tous ses travaux ordinaires. La grâce demandée était donc obtenue. Le vœu fut accompli. Une riche offrande fut portée par la main d'un ami au sanctuaire de Lourdes. Cet ami est celui qui écrit ces lignes. Le jour même de la fête de l'Assomption, 15 août 1890, il célébrait la messe à la grotte aux intentions du Prince, et s'entendait avec les Pères de Lourdes sur l'emploi de la somme remise. Il fut convenu qu'elle serait affectée aux mosaïques de l'église du Rosaire et spécialement à celle qui doit représenter le 3° mystère douloureux, le couronnement d'épines. Le don restait provisoirement anonyme. « Vous connaissez, m'écrivait l'auteur du vœu, les graves raisons qui m'imposent l'anonymat et vous savez bien que ce n'est pas la crainte d'affirmer mes sentiments. » Aujourd'hui, hélas! les raisons de se taire ont disparu, et la pieuse volonté du mourant m'impose la douce obligation de parler.

Dans les derniers mois de cette année 1890, le comte de Paris put encore se rendre avec son fils aux Etats-Unis, visiter avec lui les champs de bataille et revoir les compagnons d'armes de sa jeunesse. Toute cette activité donnait le change autour de lui. Le mal cependant ne lâchait pas sa proie. Il fallait toujours compter avec la menace d'accidents mortels. Le Dr Récamier, désigné à la confiance du prince par la haute autorité de M. le professeur Guyon, avait dès lors commencé auprès de son royal client, cette veillée du dévouement qu'il n'a plus interrompue jusqu'au dernier soupir. Il l'avait accompagné aux Antilles, puis aux Etats-Unis ; il venait fréquemment le voir à Sheen, puis à Stowe ; chaque année, il passait la mer avec lui pour le conduire en Espagne ou le ramener en Angleterre. C'est encore rendre hommage au caractère et aux vertus du Prince, que de montrer les sentiments qu'il inspirait à ceux qui le voyaient de plus près.

Témoin, jour par jour, du courage et de la foi de son malade, le jeune et savant chirurgien avait conçu pour lui un attachement vraiment filial, fait de vénération et de tendresse. Les preuves qu'il en a données ont ému tous ceux qui l'ont vu à l'œuvre en ces derniers temps. Les princes et princesses, réunis autour du lit d'agonie, ne s'y sont pas trompés : ils lui ont fait dans leur intimité, une place qui était bien plus celle d'un ami et d'un fils, que celle d'un praticien appelé à exercer son art. Mais c'est surtout du malade lui-même que M. Récamier a reçu des témoignages qui resteront sa meilleure récompense. Dans de longs entretiens, pleins d'abandon et de confiance, Monseigneur lui laissait voir l'élévation de ses pensées, la simplicité de sa foi, la sérénité de son courage. Jusque dans les détails du traitement, le médecin trouvait l'occasion d'admirer son malade. Ainsi, quand des souffrances aiguës nécessitaient l'emploi de la morphine : « Soulagez-moi si vous pouvez, disait le prince, mais arrêtez-vous à la limite au delà de laquelle mes facultés seraient atteintes : je veux mourir avec toute ma tête. » Cette volonté fut respectée ; la présence d'esprit du malade est restée entière jusqu'à la dernière heure.

Au mois de mai 1892, une opération devenue nécessaire fut accomplie avec succès : elle a prolongé de plus de deux ans une existence si précieuse. Monseigneur la subit avec son courage accoutumé, et ne voulut pas se confier pour cela à d'autres mains qu'à celles du docteur Récamier.

C'est à partir de cette époque que le bruit d'une maladie grave commença à se répandre. Les traces de souffrance étaient devenues trop visibles sur le visage amaigri du Prince, sur sa physionomie vieillie, pour échapper aux regards. Soutenu par des soins intelligents de toutes les heures, celui-ci trouvait encore la force de continuer sa tâche quotidienne. Peu de temps après l'opération, il vint à Folkestone recevoir les Français accourus pour le saluer. Mais le cercle de son activité allait se resserrant sans cesse. Le mal parut subir un temps d'arrêt pendant les premiers mois de 1893, puis, vers la fin de cette même année, il reprit sa marche progressive. Le séjour en Espagne durant l'hiver fut très pénible, et, quand Monseigneur s'embarqua à Gibraltar, au mois de mai dernier, pour regagner l'Angleterre, il n'était plus possible d'écarter, en le considérant, les plus tristes pronostics.

Je le revis à la fin de juillet. Peut-être, à ce moment, se rendait-il un compte moins exact de la gravité de son état. Cependant, il se préoccupait toujours de se bien préparer à la mort et demandait qu'on lui en indiquât les moyens. « Monseigneur, lui dis-je, depuis cinq ans et plus, vous vous êtes placé en face du terme, vous avez tenu votre âme tout près de Dieu : vous n'avez pas autre chose à faire. Quand vous combattiez à Gain's Mill, vous ne vous inquiétiez pas de savoir si tel boulet ou tel autre devait vous frapper ; vous faisiez votre devoir et vous laissiez la Providence décider de votre vie. Votre situation aujourd'hui est pareille. La vraie préparation à la mort est de vivre en présence de Dieu et de faire son devoir. *Heureux le serviteur,* dit l'Evangile, *que son maître, quand il viendra, trouvera occupé de la sorte.* » Ces pensées de foi avaient beaucoup de prise sur l'âme du Prince ; il me remercia et me rappela lui-même le trait que dès les premiers temps de sa maladie je lui avais rapporté de saint Louis de Gonzague. « Que feriez-vous, Frère Louis, disaient au jeune saint ses confrères du noviciat, si un ange vous annonçait que vous allez mourir à la fin de la récréation ? — Je continuerais, répondit-il, de faire la volonté de Dieu : je resterais en récréation. »

Jamais je n'avais trouvé le cher Prince plus expansif et plus affectueux. Je le quittai, profondément ému, ne doutant pas qu'avant peu de semaines je ne fusse rappelé par de sinistres nouvelles.

C'était le 25 juillet. Le 29 août, j'arrivais à Stowe dans la soirée, trop tard pour assister à l'administration du saint Viatique que le Prince avait reçu dans la journée. Réunissant ici ce que j'ai appris à mon arrivée et ce dont je fus témoin moi-même dans les jours qui suivirent, j'essaierai de raconter cette royale et chrétienne agonie.

Le samedi, 25 août au matin, Monseigneur reçut une visite bien chère, celle de sa fille aînée qu'il n'avait pu revoir en quittant l'Espagne. La reine Amélie connaissait, depuis peu, l'état de son auguste père comme grave et inquiétant ; elle ignorait que le danger fût imminent. Elle avait donc annoncé une visite d'une dizaine de jours, et fait prévoir son départ pour le lundi 3 septembre. Mais, depuis quelques jours, les progrès du mal avaient été rapides, les forces baissaient à vue d'œil. Le Prince fit un effort suprême pour assister au déjeuner, le jour de l'arrivée de la reine. Le lendemain, dimanche, il se fit conduire à la chapelle dans un fauteuil roulant et tous les assistants remarquèrent la ferveur de sa prière. Il s'assit ensuite une dernière fois à la table de famille et, dans l'après-midi, il dut prendre le lit pour ne plus se relever.

Lui-même alors, il demanda qu'on fît venir de Londres son confesseur, le Révérend Cafferata. Ce digne prêtre, Anglais de naissance, bien que son nom rappelle les origines italiennes de sa famille, était vicaire de la petite église de Mortlake, quand le comte de Paris vint s'établir à Sheen. C'est à lui que le Prince s'était adressé alors pour remplir ses devoirs religieux, et, depuis, il l'avait toujours conservé comme confesseur. M. Cafferata est aujourd'hui attaché au clergé de la cathédrale de Saint-Georges et à la personne de Mgr Bott, évêque de Southwark, — le diocèse auquel appartiennent les quartiers de Londres situés sur la rive droite de la Tamise. Il est resté auprès du malade jusqu'à son dernier soupir. Ce fut lui qui, dans la journée du 29 août, après avoir entendu sa confession, lui proposa de recevoir le saint Viatique. Le prince accepta avec joie ; il était temps. Dès le lendemain, l'intolérance de l'estomac l'aurait privé de cette grâce suprême. A maintes reprises, les jours suivants, il me témoigna sa satisfaction d'avoir pu communier ce jour-là : « Aujourd'hui, je ne pourrais plus, me disait-il ; je remercie Dieu de m'avoir accordé cette faveur. »

Le 30 août au matin, je le revis pour la première fois. « C'est la fin, me dit-il ; je savais bien qu'il n'y avait pas de remède. Je me soumets à la volonté de Dieu, mais j'ai peur de l'inconnu. » Je lui dis alors : « Monseigneur, ne cherchez pas à pénétrer cet inconnu, ni à vous représenter ce dont aucune expérience ne peut nous fournir l'image. N'ayez qu'une pensée, celle de la miséricorde divine. Dites-vous : Je vais à mon Père, je ne connais pas le pays où il m'appelle, mais je sais que j'y serai bien, parce que je vais tomber dans ses bras. *In manus tuas commendo spiritum meum.* La confiance filiale résume pour vous en ce moment toutes les vertus. *In te, Domine, speravi ; non confundar in æternum.* » Cette pensée lui fit du bien.

La nuit fut mauvaise, et le lendemain matin, qui était le vendredi 31, le docteur fut d'avis, lui-même, qu'il était temps d'administrer au malade l'Extrême-Onction. Je me chargeai de lui en parler, lui rappelant les effets pacifiants de ce sacrement qui, en purifiant l'âme, fait éprouver du soulagement au corps même. « Je suis tout prêt, » répondit Monseigneur. A ce moment entrait Madame. « Voilà, lui dit le Prince, ce que nous disions ensemble. Il n'y a plus qu'à fixer l'heure. » La princesse, étouffant ses sanglots, répondit : « Tu diras comment tu veux que cela se fasse. — En présence de toute la famille et de toutes les personnes de la maison. »

Déjà, en effet, tous les membres de la famille royale commençaient à se réunir à Stowe. La réunion fut complète quelques jours plus tard : il n'y manqua que S. A. R. la princesse Clémentine, retenue en Bulgarie, et le fils aîné du duc de Chartres, le prince Henri d'Orléans, qui, à ce moment même, passait à Zanzibar, venant de Madagascar et se rendant en Indo-Chine.

A trois heures de l'après-midi, tous les princes présents et les membres du service d'honneur remplissaient la chambre du malade ; les serviteurs se tenaient à la porte et dans le corridor. Assisté du Révérend Cafferata, j'accomplis les rites sacramentels, puis je donnai au mourant l'indulgence plénière, après lui en avoir expliqué le bienfait : « C'est une grande grâce, me répondit-il. »

La cérémonie achevée, Madame s'approcha du Prince qui l'embrassa ; après elle vinrent le duc d'Orléans, puis la reine Amélie et chacun des enfants. Leur père, très maître de lui, les serrait sur son cœur et leur adressait de touchants adieux. Le duc de Chartres, qui avait toujours été pour son frère le plus tendre des amis, le plus fidèle des serviteurs, le plus sûr des confidents, se tenait debout prêt à s'approcher. Quand ce fut le tour du jeune prince Ferdinand : « Aime toujours bien ton frère aîné, lui dit Monseigneur, respecte-le, sois prêt à le servir : montre-toi pour lui ce que ton oncle fut pour moi. » On vit alors la mâle figure de Robert Le Fort se contracter dans un sanglot : dans ce délicat hommage d'un mourant, l'abnégation et le dévouement de toute une vie venaient de trouver leur récompense.

Après les enfants, le frère, les oncles, les tantes, les cousins, les neveux reçurent à leur tour l'accolade du chef de leur maison. Les amis vinrent ensuite, puis les domestiques se montrèrent à la porte, et contemplèrent d'un regard ému les traits de l'agonisant.

Quand tout fut fini, le Prince dit d'une voix forte : « Maintenant je demande qu'on me laisse seul. — Oui, Monseigneur, repris-je, vous devez avoir grand besoin de vous reposer. — Et surtout de me recueillir après un acte aussi grave. »

Le lendemain, 1ᵉʳ septembre, le Prince fit appeler Madame et lui dit : « Je désire qu'on demande au Saint-Père sa bénédiction pour moi. Il est temps. » Monseigneur le duc d'Orléans expédia aussitôt la dépêche suivante :

« Très Saint-Père, mon père, très malade, nous prie, ma mère et moi, de demander pour lui la bénédiction de Votre Sainteté. Le Saint-Père sait que je reste son fils très dévot. — Philippe. »

Quelques heures après, la réponse arrivait, ainsi conçue : « Le Saint-Père, ayant appris avec peine la grave maladie de Son Altesse Royale le comte de Paris, prie Dieu pour sa guérison, et envoie avec affection paternelle sa bénédiction apostolique à l'illustre malade, à Madame la comtesse de Paris, à Votre Altesse Royale, aux membres de la famille présents. Sa Sainteté espère que cette bénédiction sera une consolation pour tous dans ces pénibles moments. — Cardinal Rampolla. »

Monseigneur fut très touché de la teneur de cette réponse. « Elle est cordiale, dit-il à plusieurs reprises, oui, cordiale. J'en suis bien heureux. » Ainsi se trahissait une fois de plus l'âme de ce vrai fils de l'Eglise.

. . . .

La patience du malade ne se démentait jamais ; pas une fois le murmure ne s'est approché de ses lèvres ; mais son âme traversait des phases de tristesse durant lesquelles une parole de foi suffisait à le rasséréner. Un jour, le voyant abattu, j'eus la pensée de lui dire : « Monseigneur, hier j'invoquais saint Louis pour vous ; et j'étais frappé de cette pensée que le saint roi était mort à votre âge. — Est-ce vrai ? me demanda-t-il. » Nous nous mîmes alors à rechercher la date, et nous reconnûmes que saint Louis avait quelques mois de moins que le prince, au moment où il quitta ce monde. « Oui, repris-je, il est mort à votre âge, comme vous sur la terre étrangère, comme vous aussi sans avoir réussi dans son entreprise. » Monseigneur parut très frappé de ce rapprochement. J'aurais pu croire pourtant qu'il en avait bientôt perdu le souvenir, si, quelques jours après, le D' Récamier ne m'eût raconté le fait suivant. Il le veillait pendant la nuit, et tout d'un coup il l'entendit parler seul ; il s'approcha sans être vu et remarqua que le Prince tenait à la main la médaille que la reine Marie-Amélie, sa grand'mère, lui avait passée au cou au moment de son départ pour la guerre d'Amérique. En même temps ses lèvres murmuraient cette prière : « Saint Louis, priez pour la France! Saint Louis, roi de France, venez au-devant de moi! »

Le matin du lundi 3 septembre, la reine Amélie étant venue embrasser son père : « N'est-ce pas aujourd'hui que tu dois repartir? lui demanda le Prince. — Oui, mon père, répondit-elle, c'était d'abord mon dessein ; mais tous mes cousins et cousines que je vois si rarement, sont arrivés, je ne puis les quitter si tôt. — Pourquoi prendre des détours, ma fille, quand il s'agit de ma fin ? Je t'en ai parlé ouvertement : fais de même. Tu restes parce que tu vois que je m'en vais et que tu veux me fermer les yeux. Tu fais bien, je t'en remercie. »

Ce même jour, dans l'après-midi, Monseigneur me fit appeler. « Vous vous souvenez, me dit-il, de mon vœu à Notre-Dame de Lourdes. Chaque jour, depuis lors, j'ai récité, sans y manquer, les litanies de la sainte Vierge. Hier encore, j'ai pu les dire ; aujourd'hui, je ne puis plus. Voulez-vous les réciter auprès de moi? »

Depuis ce jour jusqu'à la veille de sa mort, je fus fidèle à ce pieux devoir qui lui apportait beaucoup de consolation. Le Prince répondait aux invocations, dites en latin. Une fois, il m'interrompit pour me demander le sens d'un mot, preuve touchante de son attention à la prière. Le vendredi 7, il était sans parole. Je me tenais seul auprès de son lit avec la princesse Hélène, et nous pensions qu'il n'était plus présent. Je lui demandai néanmoins en élevant la voix, — car il entendait avec peine depuis le matin, — s'il lui plairait d'entendre encore une fois les prières qu'il aimait. Un signe marqué d'assentiment fut sa réponse : et, comme je commençais la récitation des litanies avec la princesse, il fit un grand signe de croix qu'il renouvela à la fin.

Durant les trois derniers jours de sa vie, le mourant semblait avoir dit adieu à la terre : il demandait encore ce qu'il voulait, mais il refusait de continuer l'entretien. On eût dit que, déjà sur le seuil de l'éternité, il n'eût plus de regards pour ce monde et que, comme le patriarche Jacob, après avoir béni ses enfants, il se fût retourné du côté de la muraille.

Le soir du 7, l'imminence de la fin était évidente : depuis quatre jours, le malade n'avait plus pris aucun aliment, même liquide. Madame et ses enfants se partagèrent encore une fois la veillée auprès de son lit. J'eus la consolation d'être auprès d'eux durant ces heures suprêmes. A quatre heures du matin, le docteur déclara que les derniers instants approchaient. On réveilla tous les membres de l'auguste famille : Madame, ses enfants, M. Camille Dupuy, M. Récamier et moi, nous nous réunîmes dans la chambre ; les autres parents, dans la chapelle. Je récitai les prières des agonisants que je fis suivre une dernière fois des litanies de la Sainte-Vierge, puis j'allai répéter les mêmes prières dans la chapelle.

L'agonie se prolongeant, l'abbé Cafferata célébra la sainte messe pour le moribond ; aussitôt après, tous s'assemblèrent autour du lit ; la respiration devenait courte et rare, un long soupir se fit entendre, suivi d'un silence, le docteur écouta le cœur qui ne battait plus : « C'est fini, » dit-il en se retirant. Madame était debout, tenant les mains du compagnon de sa vie, immobile et forte, rappelant à tous par son attitude pleine de noblesse et de calme douleur, la Vierge mère au pied de la croix. Elle s'inclina, embrassa le front du mort en lui disant : *Adieu.*

Le duc d'Orléans s'avança le premier, fléchit le genou, baisa la main droite de son père, puis se retournant, baisa la main de sa mère. Tous les enfants suivirent, imitant ce mouvement. On vit ensuite s'approcher le duc de Chartres, le duc de Nemours, le prince de Joinville, le duc d'Aumale, tous ces vieux héros de nos armées dont chacun aurait dignement occupé un trône, et qui venaient rendre le suprême hommage au neveu en qui ils révéraient le chef de leur maison. Les princesses, les amis, les serviteurs suivirent cet exemple. Rien de plus émouvant et de plus grandiose que ce baise-main devant la mort. On ne pouvait se défendre, en face d'un tel spectacle, de penser aux derniers moments de Louis XIV, et de se rappeler les courtisans fuyant avec empressement la chambre mortuaire, et délaissant dans le plus triste abandon celui qui avait été le *grand roi*. Ici, le prince qui venait d'expirer, n'avait connu de la royauté que les charges et les sacrifices. Il s'éteignait sur le sol étranger, sans avoir atteint le but de ses efforts. Et cependant les courtisans du malheur restaient fidèles à l'exilé. Sa mort semblait un triomphe, et les hommages les plus augustes étaient prodigués à sa dépouille. N'était-ce pas là une belle revanche du sort, et le commencement de ce retour de justice qui ne peut manquer à sa mémoire ?...

La France n'a pas été insensible à la révélation de cette grande âme, qui lui est apparue dans la mort rayonnante d'une beauté morale, que beaucoup n'avaient pas soupçonnée pendant sa vie. L'émotion a été profonde et universelle, le respect et l'éloge presque unanimes... »

Avant de reproduire la page saisissante d'un journaliste, nous citerons encore les dernières paroles que Mgr le comte de Paris a prononcées, parlant à Mgr le duc d'Orléans :

— « Vois-tu, mon fils, il y a une communication constante entre ici-bas et là-haut. Tu ne me perdras pas tout à fait. » Bénissant le prince, le royal mourant lui dit : « Adieu !... va... et marche droit ! »

Monseigneur le duc d'Orléans a eu hier la pensée touchante de faire placer dans la chambre de son père le drapeau qui flotta, le jour du départ pour l'exil, au grand mât du *Victoria*.

Le comte de Paris, voulant toujours avoir sous les yeux ce lambeau d'étoffe qui lui parlait de la Patrie, l'avait fait suspendre dans la grande bibliothèque de Stowe-House, qui lui servait de cabinet de travail. Le comte de Paris a pris la main du duc d'Orléans, a attiré celui-ci sur son cœur et doucement lui a dit : « Merci. » Voilà bien le langage du *soldat chrétien* !

IV

DEUX MORTS

« Et moi aussi » lisons-nous dans une feuille publique, dans ma modeste sphère, je veux rendre hommage à l'admirable spectacle de cette volontaire et longue agonie, de cette mort à la fois si douloureuse et si consolée. Pour en faire ressortir toute la grandeur, je n'aurai qu'à mettre en parallèle le récit d'une autre mort, que des philosophes païens eussent admirée, et dont l'habile récit toucha à tort bien des âmes, quand il parut dans les colonnes de la *Revue bleue*.

Il y a treize ans de cela, à peu près à cette époque de l'année, mourut le directeur d'une grande école. Il est inutile de rappeler son nom à ceux qui l'ont oublié, tous ceux qui s'en souviennent encore le reconnaîtront. Il avait traversé dans la vie des périodes difficiles, il était demeuré fidèle, même dans l'adversité, à ce qu'il croyait être la vérité, il avait excité des enthousiasmes parmi ses amis et s'était parfois attiré de vives inimitiés ; il avait su demeurer indépendant même vis-à-vis de son parti. Les jeunes gens dont il dirigeait les études l'adoraient, et il méritait cette affection par son dévouement à leurs intérêts.

Depuis deux ans un cancer rongeait peu à peu le visage de cet homme. Il se savait condamné, et connaissait à quelques semaines près la date probable de sa mort. Ni ses élèves, ni ses amis, ni ses proches, ni son médecin ne le virent un instant faiblir. Il ne perdit ni son calme ni son sourire.

De temps en temps il disparaissait pendant quelques jours, subissait une opération douloureuse qui lui permettait de continuer sa tâche. A chaque fois, le foulard noir qui voilait sa plaie couvrait une portion plus large du visage. Les yeux brillaient encore et la bouche pouvait parler.

En septembre, après avoir subi une opération plus atroce et plus douloureuse, il s'occupa une fois encore des élèves qui le quittaient pour entrer dans leur carrière. Il veilla à ce qu'ils obtinssent autant que possible les postes qu'ils désiraient, puis, ses dernières dispositions prises, il renonça au combat contre la mort.

« EN AVANT! POUR DIEU ET LA FRANCE! » (Page 204.)

La mal allait lui interdire l'usage de la parole et bientôt même l'absorption de la nourriture. Il passa une dernière soirée avec ses amis et ses parents, causa avec eux et se montra d'esprit merveilleusement libre et enjoué. En se retirant il les embrassa plus tendrement qu'à l'ordinaire.

Il avait depuis longtemps prévenu son médecin de ses intentions dernières, peut-être même avait-il délibéré avec lui sur les meilleurs moyens de les réaliser !... Il l'avertit que c'était pour cette nuit. Il rentra donc dans sa chambre, mit la clef sous le paillasson ; et le lendemain, à la première heure, le médecin put entrer seul, assister aux derniers spasmes de l'agonie et fermer les yeux du mort.

Voilà certes une mort que l'on serait tenté d'abord de trouver courageuse. La raison humaine serait portée à lui accorder son admiration. Les suicides les plus vantés des sages païens n'ont pas plus de grandeur tragique, mais quel réveil !...

Comparez ce spectacle à celui que nous a donné l'auguste malade qui vient de s'éteindre à Stowe-House. Quelle que fût la nature de son mal, depuis longtemps lui aussi se sentait frappé et bientôt frappé à mort. Il remplit jusqu'aux derniers moments les obligations que sa naissance lui imposait. Il prévit tout et disposa tout.

Il ne renonça à aucune de ses occupations, à aucun de ses déplacements coutumiers. Il subit avec le plus grand courage une opération cruelle. Il présida jusqu'à la fin et malgré d'atroces souffrances, la table familiale.

Enfin, quand le mal l'eut couché, quand tout espoir fut perdu, il exigea qu'on ne lui épargnât pas les dernières souffrances, il demanda qu'on lui laissât toute sa lucidité d'esprit. Il a attendu l'heure de la mort sachant qu'elle viendrait au bon plaisir de Dieu. Il a jugé que jusqu'aux dernières minutes, le devoir était le même ; et qu'il devait rester à son poste jusqu'à ce que le Roi des rois l'en eût relevé. Il a pensé qu'il lui devait toutes ses forces et toute son intelligence ; et que donc il devait les employer jusqu'à extinction complète, en dépit de toutes douleurs, à donner à sa famille et surtout à son Héritier de magnanimes leçons. Il n'a pas refusé aux siens le douloureux plaisir de sentir les derniers tressaillements de sa main. Jusqu'à la fin il a pensé aux autres, et il est mort enfin les yeux fixés sur la Croix qui lui représentait son Dieu, et sur le drapeau qui lui représentait sa Patrie.

De ces deux morts n'est-ce pas celle-ci qui est belle, grande ! la plus naturelle aussi et la plus humaine ? Et comme la conception du devoir qu'elle manifeste est plus vraie ! Le devoir ne cesse pas tant qu'il reste une lueur d'intelligence et un mouvement de souffle. Quand on ne peut plus en accomplir d'autre, le devoir, c'est de souffrir, de donner l'exemple de la patience et de la résignation ; et si dans les suprêmes instants on doit donner le spectacle de mouvements disgracieux, le devoir, c'est d'accepter cette humiliation dernière, de se soumettre à toutes les lois de la vie.

Ainsi la mort de ce Prince chrétien me paraît bien plus belle, plus humaine à la fois et plus sublime que celle du philosophe païen. Celle-ci fut froide, solitaire et désolée ; celle-là a été arrosée des larmes de la famille et des fidèles, illuminée d'espérances divines. Ç'a été vraiment dans les brumes de l'exil, une mort française et royale, et elle n'a été royale que parce qu'elle a été une *mort chrétienne.*

CHAPITRE XIII

Plus heureux!

I

Le gouvernement improvisé avait refusé l'épée des princes; les défaillances ne manquèrent pas dans cette guerre cruelle, mais elles furent toutes personnelles, et l'armée demeura grande. Si les malheurs de la patrie dans la dernière lutte sont sans exemple, la valeur de nos troupes est demeurée à la hauteur de notre glorieux passé. Il est à remarquer surtout que les *meilleurs chrétiens* ont été là encore les *meilleurs soldats*.

Les noms glorieux des chefs les plus illustres font désormais partie de l'histoire. Nous en rappellerons quelques-uns.

Il semble d'ailleurs que la grande leçon de la Providence ait commencé d'ouvrir les yeux. Plaise à Dieu que pleine lumière se fasse, et que l'intelligence ne devienne pas complice des désordres du cœur!

Quelques feuilles publiques, dont nous ne pouvons louer en général l'esprit éclectique et la morale douteuse, ont publié cependant depuis la guerre de bons articles, destinés à ranimer le patriotisme. Nous n'hésitons pas à en citer quelques passages importants; demandant à Dieu, en considération du bien qui peut en résulter, de montrer aux auteurs la véritable et divine lumière qui « est venue pour éclairer tous les hommes. »

Le *Gaulois* dans un acticle-revue écrit :

« Un jour de l'année 1859, je crois, une foule attristée remplissait la grande église de Sainte-Croix, au Mans.

On y célébrait un service funèbre en mémoire d'un jeune officier français, élevé dans cette ville et dont les journaux de la localité venaient de raconter la mort, survenue à la suite d'une blessure reçue à l'attaque d'une jonque dans la rivière de Canton.

Le maître qui avait surveillé les premières années de cet officier, le P. Moreau, fit l'oraison funèbre du jeune héros, tombé si loin des siens pour la défense de la patrie.

Or, le matin même, à Alençon, le père du jeune homme, vieux soldat de l'Empire, avait reçu de son fils une lettre rassurante.

Il avait même écrit et cacheté la réponse, quand on lui apporta la nouvelle du service funèbre.

Il se contenta d'écrire sur l'enveloppe : « Tu viens d'être enterré en effigie au Mans. Je suis donc assuré sur ton sort, car rien ne porte bonheur comme cela. »

Cet heureux pronostic ne fut pas démenti ; le jeune officier fut décoré à vingt-deux ans.

Il s'appelait Henri de Ponchalon.

Le 3 septembre 1870, l'armée française, vaincue à Sedan, cheminait prisonnière, sur une route gardée par des détachements d'infanterie bavaroise.

Un capitaine du 50° de ligne dit à son colonel : « Mon parti est pris ; dussè-je me faire fusiller, je ne veux pas aller en Allemagne. Je vais m'échapper. »

« — Avec ça que c'est facile ! lui riposta le colonel.

On traversait le village de Glaire. Au bout de ce village, il y a un moulin. Le capitaine prend le pain de munition de son ordonnance et se glisse dans le moulin.

Il se débarrasse de son uniforme, revêt des habits de

travail du meunier, se saupoudre de farine des pieds à la tête. On déjeune avec le pain de munition, une fricassée de poulet, du vin et du rhum, et, à travers l'armée allemande, en plein jour, accompagné du meunier et de son garçon, le capitaine gagne la Belgique.

Il revient à Paris, il assiste et prend part à tous les combats de la défense, d'abord avec le 23°, puis avec le 111° de marche.

Ce capitaine, on l'a deviné, n'était autre que M. Henri de Ponchalon.

M. de Ponchalon a continé de gravir avec honneur les échelons de la carrière militaire. Il est devenu colonel. Il a eu sous ses ordres un de nos superbes régiments de l'Est, le 69°.

Puis la maladie l'a forcé à chercher un climat plus doux. On lui a donné un régiment à Toulouse.

Là, les médecins l'ont contraint à prendre sa retraite, et, par une ironie du sort, cette retraite a été suivie de près par la guérison.

De sorte que, encore en pleine activité physique et morale, il a dû subir le regret amer de la carrière brisée.

Mais, en lui enlevant son épée, le sort lui avait laissé une plume aussi bien trempée que cette épée. Et il a pensé que c'était toujours servir la France que de consacrer cette plume à la défense des grands principes militaires et sociaux, inséparables les uns des autres ; et que, puisqu'il ne pouvait plus endurcir les muscles des soldats aux fatigues de la guerre, il pouvait encore glisser dans leur âme un peu de cette force morale sans laquelle les fusils et les canons ne sont que des instruments inutiles.

A cette noble préoccupation sont dûs des écrits estimés dans les recueils militaires spéciaux. Nous lui devons entre autres un livre intitulé : *Souvenirs de guerre,* destiné, dans l'esprit de son auteur, à contrebalancer, par un *sursum corda,* les impressions déprimantes qui s'exhalent d'un autre livre célèbre.

Il y a, dans la *Débâcle,* une dépense énorme de talent. On y chercherait vainement trace de ce souffle qui entraîne les jeunes hommes au-devant du danger et qui, sur les horreurs de la guerre, étend comme une nuée lumineuse, la gloire du sacrifice.

C'est ce souffle qui règne d'un bout à l'autre des pages de M. de Ponchalon. C'est un homme d'action, parce que c'est un homme de foi, et parce que, avec M. de Vogüé et tant d'autres bons esprits, il a pris pour devise ces paroles : « La foi est la mère de l'action. »

Sans chercher à flatter l'orgueil national, il explique que, si nous avons été si rudement frappés, c'est parce que nous avions déserté notre mission ; et que la victoire nous a abandonnés, parce que nous avions abandonné nous-mêmes notre rôle de défenseurs des opprimés, pour nous rallier à la cause du plus fort qui s'est retournée contre nous ; parce que nous avions abandonné notre poste de sentinelle avancée de la civilisation chrétienne.

Pendant que ce soldat chrétien exposait sa vie pour la patrie, dans un coin de la France envahie, mourait lentement la femme à laquelle il avait uni sa vie et qu'il ne devait plus revoir.

Mais, de son lit de souffrance, elle lui faisait parvenir des lettres qui révèlent une âme de véritable héroïne chrétienne.

Après Sedan, elle lui écrivait :

« Vois-tu, j'aurais la mort dans l'âme si tu avais signé cette honteuse capitulation, et j'aime mieux cent fois souffrir de nouvelles inquiétudes que de t'avoir à mes côtés, ramené par une faiblesse.

« Dieu te gardera à Paris comme à Sedan. Demande-lui de garder ton âme pure et ta vie sauve dans l'accomplissement constant du devoir. »

Le 15 septembre, aux avant-postes, il recevait ces mots :

« Ton régiment a un poste dangereux à défendre ; mais l'honneur n'est que là aujourd'hui. En avant, donc ! encore une fois, mon bien-aimé. Mon âme est avec toi et Dieu te protègera. »

Enfin, le 1er janvier 1871, elle lui écrivait encore pour lui souhaiter une bonne année et lui faire, en même temps, ses adieux :

« — Bonne année ! Bonne année ! mon doux ami chéri,
. . . .
mes forces diminuent, mes chances de guérison s'épuisent ; ma vie près de toi ne sera pas longue, ici-bas. O mon bien-aimé, tu ne murmureras pas ! Nous accepterons ensemble les décrets éternels de Dieu, et nous n'y verrons que son amour et sa miséricorde.

« Si tu savais comme la souffrance fait pénétrer à fond dans ce mystère de l'amour, et comme on aime quand on souffre pour Dieu !

« Mon chéri, Dieu me traite en enfant de son cœur. Il me fait sacrifier les joies si courtes, si fragiles de cette vie, pour le bonheur sans fin de l'éternité. J'y vais, sûrement, je le touche comme à l'avance, et le douloureux passage qui m'en sépare ne peut m'en voiler la clarté. Tu ne te plaindras pas que Dieu ait jeté les yeux sur la moitié de toi-même, et l'ait choisie, malgré son indignité, pour cette part glorieuse. Tu sauras que je t'attends, que je prépare ta place, que je veille sur toi avec un amour infini, dégagé des ombres de la terre, et que, en luttant, en combattant contre toi-même, en conservant ton âme dans les régions supérieures, tu viendras sûrement me rejoindre quand Dieu l'aura voulu. Quelques années passent si vite! Vois : que sont devenues celles de notre bonheur ici-bas?

« Oh! ton âme! ton âme!... Que je voudrais la voir grandir et se fortifier sous l'influence de ces saintes pensées! Le reste est si pâle, le reste est si vide, le reste est si menteur!... »

« *11 janvier*. — Cher bien-aimé, Dieu m'appelle. Je vais aller le prier pour toi. Henri, mon Henri, Dieu te bénisse! »

Ah! littérature! orgueilleuse littérature, tu ne trouveras jamais rien d'aussi beau que ce dernier cri d'une âme aimante et chrétienne!

II

Le capitaine revenu sain et sauf, s'était battu à côté d'un chrétien et d'un brave, qui paya de sa vie son héroïque défense.

Né à Utrecht en 1811, pendant l'occupation française, le général Decaen était fils d'un officier de l'empire tué à la Bérésina. Après avoir terminé ses études militaires à Saint-Cyr, il faisait partie des troupes de débarquement à Alger en 1830, et Staouëli fut la première bataille à laquelle il prit une part glorieuse. Il eut la bonne fortune d'obtenir ses grades dans les expéditions sur Blidah, Médéah, Mascara, Tlemcem, et d'être nommé capitaine après la prise de Constantine.

C'est dans le régiment des chasseurs d'Afrique du duc d'Orléans, que le vaillant officier du 21ᵉ entra comme adjudant-major. A la tête du 1ᵉʳ bataillon, il se distingua dans les expéditions, gouverna comme lieutenant-colonel avec fermeté, justice et bienveillance les subdivisions de Milianah et de Cherchel.

Decaen partit pour la Crimée en janvier 1855 ; en arrivant à Sébastopol, il écrivait à sa femme : « Sois sans inquiétude sur mon compte, n'oublie pas que je garde sur moi les médailles que tu m'as données avec les cheveux de ma sainte mère, et que je les embrasse chaque jour, en remerciant Dieu de sa protection si marquée et de tout ce qui m'arrive d'heureux. »

Le conseil de l'armée lui confia la première brigade d'attaque sur la tour Malakoff.

D'une bravoure remarquable, entre tant de héros réunis en Crimée, Decaen était doué d'une intelligence vive, d'un coup d'œil rapide, d'une promptitude de décision et d'une énergie qui le rendaient le plus intrépide entraîneur. Le 8 septembre, l'excellent officier qui était en même temps un fidèle chrétien, avec ce calme d'une âme prête à s'envoler au Ciel, adressait à ses troupes quelques mots brûlants de patriotisme ; le brave Mac-Mahon, tirant son épée, donnait le premier signal, et Decaen, montrant le drapeau, s'écria : « *En avant, mes enfants !* »

Devançant la colonne, il franchit le fossé, gravit le talus et se trouve sur le parapet avant que les soldats soient parvenus à l'atteindre ; d'un geste qu'ils connaissaient bien, Decaen les encourage et les appelle ; puis, saisissant le drapeau, il le plante sur les remparts que les troupes françaises viennent de franchir. La victoire était à nous.

« On ne saurait assez exalter l'admirable dévouement du général Mac-Mahon et de la brave division qu'il commandait. L'assaut avait été pour ainsi dire instantané et l'ouvrage Malakoff enlevé du premier élan par le 1ᵉʳ zouaves (colonel Collineau) et le 7ᵉ de ligne (colonel Decaen) lancés avec une furie irrésistible (1). »

Decaen poursuivit brillamment sa carrière, combattit à Magenta, à Solférino, puis autour de Metz où il souffrit cruellement des épreuves de l'armée. Le 14 août, à la bataille de Borny, une balle le frappa au genou ; malgré les flots de sang qui sortaient de sa blessure, le général resta plus d'une heure à son poste, sans proférer une plainte ; mais son cheval ayant été tué, le blessé se trouva pris sous sa monture et dégagé avec peine ; il ne voulut néanmoins quitter le champ de bataille qu'à la fin de l'action. Après plusieurs opérations douloureuses, la plaie prit un aspect alarmant, et tout espoir de conserver le général s'évanouit. Aussitôt l'héroïque blessé demanda l'aumônier ; il se confessa, reçut publiquement les derniers sacrements avec la plus tendre piété, et après avoir embrassé l'abbé Echenoz il lui dit avec force : « Maintenant, Monsieur l'Abbé, j'ai fait mon devoir ; retournez faire le vôtre près de nos chers soldats. » Le 2 septembre 1870, le brave chrétien, *paré de ses blessures comme d'autant d'ornements*, échangeait les lauriers terrestres pour les palmes immortelles.

III

Dans le monde moderne souvent si égoïste et si désintéressé du bien public, un homme jeune encore et déjà éprouvé par la mort de sa noble compagne, vivait au

---

(1) *Récits de Crimée*, E. PERRET.

milieu des laboureurs et des villageois, dont il était le protecteur, le modèle et l'ami. La devise de sa maison est *Dieu et la Patrie;* le conseiller général de l'Aube fut constamment fidèle au cri de sa race.

« Une tradition dont je m'honore, écrivait-il, est le passé de ma famille : à toutes les époques elle a été de son temps et de son pays. Pendant que d'autres ensevelissaient leur patriotisme dans de respectables souvenirs, mes ancêtres ont toujours offert à la patrie leurs services et leur sang. C'est un héritage dont je suis fier, il ne périra pas entre mes mains. »

Dès le premier jour, le *comte André,* comme on nommait au pays le comte de Dampierre, commande les mobiles de l'Aube ; au feu comme à l'église du village, marchant à la tête de ses hommes, il leur montrait le chemin. Le 13 octobre 1870, Dampierre seconde l'effort des bataillons du général Blanchard qui se portaient à l'ennemi vers Châtillon et Clamart; il s'avance sur Bagneux. Au moment de commencer l'attaque, le commandant anime les soldats par le danger même qu'ils ont à courir; il leur montre en quelques mots la nécessité de traverser le feu pour enlever le village ; puis descendant de cheval il s'élance à la tête des siens en s'écriant : « En avant, mes amis, pour *Dieu et la France!* »

L'élan est donné, le 1er bataillon enlève Bagneux, mais Dampierre est renversé et lorsque deux mobiles le relèvent, il demande un prêtre en disant : « Je suis blessé à mort, mais j'ai fait mon devoir. »

« Je me trouvais en ce moment aux avant-postes, écrivait le R. P. Dufour au curé de Dampierre, à gauche du village de Bagneux, lorsqu'un messager vint en toute hâte chercher un prêtre. Le commandant avait, en tombant, réclamé ce suprême secours. J'arrivai, en courant de toutes mes forces, à une petite maison abandonnée, où il venait d'être transporté. Le chirurgien lui avait donné les premiers soins. Ses chers mobiles l'entouraient avec une émotion et des paroles que je ne saurais mieux rendre, qu'en disant qu'on eût cru voir un père mourant au milieu de sa famille éplorée.

Ces braves gens ne savaient qu'imaginer pour adoucir ses souffrances. L'un quittait sa vareuse pour la lui étendre sur les jambes, car il faisait froid sur les hauteurs ; un autre lui soutenait la tête ; un troisième lui serrait les mains, ce qui paraissait le soulager, car une sorte de crispation qui se produisait dans l'avant-bras lui était bien douloureuse, et l'appui d'une main amie lui faisait du bien. A mon arrivée, son visage, déjà pâle, s'illumina d'une joie céleste. Sans perdre de temps, il récita très fermement : *Je confesse à Dieu* et reçut l'absolution, avec des sentiments dignes d'un héros chrétien... il disait : « *Que la volonté de Dieu soit faite.* »

« ... Une patrie qui suscite de tels dévouements ne sera jamais déshonorée... »

Les funérailles du jeune commandant, dans une simplicité toute chrétienne, sont restées l'une des pages touchantes de l'histoire de l'armée.

Dans la magnifique école Albert-le-Grand, dirigée à Arcueil par les Dominicains, l'ambulance avait pour aumônier le R. P. de Bengy précédemment attaché aux troupes de Crimée, puis à l'une des ambulances mobiles, destinées à suivre l'armée sur les champs de bataille.

Le corps du commandant fut apporté à bras sur les marches de la chapelle. Dans la cour se trouvait rangé le bataillon des mobiles de l'Aube. Après une courte prière, le P. de Bengy se tournant vers cet auditoire de soldats et de gentilshommes, prononça d'une voix émue cette allocution :

Messieurs,

« Je ne veux pas, à la fin de cette triste et touchante cérémonie, vous faire l'oraison funèbre de l'homme de cœur dont la froide dépouille vient d'être déposée au pied de cet autel. Ma prétention est plus simple, mon désir plus apostolique. Avant de conduire à sa dernière demeure le commandant comte de Dampierre, je veux faire retentir à vos oreilles une parole qui souvent a fait battre vos cœurs ; je veux brièvement commenter devant vous ce grand mot si catholique et si français : *le devoir*.

« Le devoir, Messieurs, vient de briser, à trente et quelques années, une existence, qui, grâce aux relations que fait naître une haute position sociale, grâce aux jouissances qui presque toujours, accompagnent une grande fortune, semblait, pendant de longs jours, pouvoir être parfaitement heureuse. Le devoir a causé cet immense désastre, et sa victime ne l'a pas maudit ; et nous-mêmes, au milieu de nos larmes, nous l'aimons et nous le bénissons. Ah! Messieurs, c'est que le devoir a pour point de départ la cause la plus magnifique ; c'est qu'il a pour point d'arrivée la plus belle récompense qu'il soit possible d'imaginer.

« Le point de départ du devoir, Messieurs, est tout entier dans ces trois mots, à jamais célèbres : *Dieu le veut!*

« La volonté de Dieu dans l'ordre et dans la justice, voilà ce qui toujours entraîna *les héros,* voilà ce qui décida le comte de Dampierre à ceindre l'épée, à marcher avec une ardeur presque téméraire, contre les ennemis de notre beau pays de France. Oui, Dieu veut que pour sa patrie, pour ses frères, pour la sauvegarde de l'honneur national, tout homme, immolant l'égoïsme, se dévoue et s'expose à tous les sacrifices. Celui que nous pleurons le savait, et il s'est levé, et il s'est dévoué ; et le cœur libre, la tête haute, il s'est avancé bravement, à la tête de ces héroïques jeunes gens qui, voyant le feu pour la première fois, nous semblaient à tous des soldats aguerris.

« Vous êtes tombé, Commandant, et aux mobiles éplorés qui relevaient leur chef, vous avez dit, l'un d'entre eux me le racontait il y a peu d'instants : « Je suis frappé à mort... mais qu'importe ! j'ai bien fait mon devoir ! »

« Le devoir vous le connaissiez, vous connaissiez son admirable point de départ : la volonté divine; vous connaissiez aussi son point d'arrivée ; car, Français et brave, vous aviez des sentiments profondément chrétiens. Croyant à l'existence d'un être infini et d'une âme immortelle, vous saviez bien que celui qui peut nous demander une vie passagère, peut nous rendre une vie qui n'aura pas de terme; que celui qui peut nous demander sur la terre le sacrifice d'un beau nom, peut dans une patrie nouvelle, nous rendre un nom mille fois plus glorieux ; que celui qui peut nous demander le sacrifice de nos richesses éphémères, est assez opulent pour nous rendre, au centuple, des trésors qui, suivant la belle expression de l'Ecriture, ne peuvent redouter les efforts de la rouille et des vers !

« Ce point d'arrivée du devoir, Messieurs, comme il est propre à exciter les courages, comme il est propre surtout à consoler ceux qui, revenant du combat ont à pleurer leurs illustres compagnons tombés au champ d'honneur.

« Non, commandant, vous n'êtes pas mort tout entier, et vous recevrez de la main du plus libéral de tous les monarques, la récompense de votre admirable conduite.

Aussi bien, comprenant le point de départ du devoir et son point d'arrivée, vous compreniez aussi, ce que je pourrais appeler son point d'appui : l'exemple du Dieu fait homme, mort sur un gibet pour le salut du monde, lavant les âmes dans son sang, et les réparant par l'aveu dans la douleur et le repentir ; vous compreniez la Vierge héroïque qui, debout, se tenait au calvaire au pied du bois ensanglanté. Sur votre poitrine, nous avons trouvé retenue par une chaîne d'or, une image de la Sainte Vierge, vous portiez aussi ses livrées. Frappé à mort, vous avez sur le champ de bataille voulu qu'une main sacerdotale fût levée sur votre front, vous avez avec amour, baisé de vos lèvres décolorées l'image de Jésus crucifié !

« Quel point d'appui dans les rudes exigences du devoir que la foi simple et ardente à ces choses sacrées ! La foi du chrétien, Messieurs, elle a été de tout temps la base inébranlable sur laquelle ont voulu s'appuyer les héros... Commandant, adieu ! Nul d'entre nous, croyez-le bien, n'oubliera vos nobles exemples ; comme vous, nous voulons être des hommes du devoir dans le temps et dans l'éternité. »

Le héros de Magenta, modèle du soldat chrétien (page 218).

CHAPITRE XIV

Patriote et Soldat.

MAC-MAHON

I

Homme de *devoir*, homme d'*honneur*, homme de *foi*, homme de *cœur, patriote* et *soldat;* ces six mots résument toute la vie qui vient de s'éteindre et dont les émouvantes péripéties rempliraient des volumes.

Le général du Barail, l'un des vaillants compagnons d'armes de Mac-Mahon, ce grand serviteur de la patrie, a déjà esquissé au pied de son lit de mort un portrait qui le fait revivre et qui restera. Des plumes éloquentes ont déjà rappelé les traits les plus saisissants de sa carrière avec une abondance et un éclat qui ne nous laissent presque plus rien à glaner.

L'*Echo de l'Armée* rend cependant encore à cette belle figure militaire le salut de l'épée, avec un mot d'hommage et d'adieu.

« Issu d'une vieille famille irlandaise réfugiée en Bourgogne, à la chute des Stuarts, et, par suite, française depuis plusieurs générations, Marie-Edme-Patrice-Maurice Mac-Mahon était né à Sully-sur-Loire (Saône-et-Loire), le 13 mai 1808.

Il fut d'abord destiné à l'état ecclésiastique et entra au petit séminaire d'Autun. Mais la vocation des armes, qu'il tenait de sa famille, ayant repris le dessus, il quitta bientôt cette maison religieuse pour se préparer à l'Ecole militaire, où il entra en 1825.

Sorti avec le numéro 4, il passa dans l'état-major et prit part à l'expédition d'Alger en 1830. La même année, il servait au siège d'Anvers en qualité d'aide de camp et recevait l'épaulette de lieutenant. Nommé capitaine en 1833, il fit de nouvelles campagnes en Algérie, se signala au col de Mouzaïa et à Staouëli, et fut blessé au siège de Constantine, le 10 novembre 1837. Chef de bataillon en 1840, lieutenant-colonel en 1842, colonel en 1845, général de brigade en 1848, commandant de la subdivision de Tlemcen et commandeur de la Légion d'honneur en 1849, il était promu général de division en 1852 et grand-officier de la Légion d'honneur en 1853. Il devait ce rapide avancement à plusieurs campagnes, notamment dans le sud de Biskra.

Il brilla en Afrique, toujours au premier rang, parmi cette pléiade de héros qui excitaient l'admiration de l'Europe en combattant, pied à pied, l'insaisissable adversaire qu'on appelait le *Napoléon du désert*.

Nous le retrouvons en Crimée, au sommet de la tour Malakoff, où il arbore le drapeau français pendant que tous nos alliés sont battus autour de Sébastopol, et d'où il écrit au commandant en chef Pélissier, qui le rappelait, ce mot immortel : *J'y suis, j'y reste!*

Après être retourné en Afrique pour y faire une nouvelle campagne de Kabylie, il est rappelé par la brillante mais à jamais déplorable guerre d'Italie. On sait comment il y sauva Napoléon III au milieu de sa garde, à Magenta, et comment il gagna cette bataille, qui lui donna le titre de duc et le bâton de maréchal de France :

La première rencontre avait eu lieu avec les troupes autrichiennes, le 20 mai, à Montebello, nom rendu glorieux par la victoire de 1800. Le succès restait à nos soldats, mais il était en somme de peu d'importance. Après des engagements successifs et la victoire de Mac-Mahon à Turbigo le 3 juin, l'Empereur se figura que l'armée autrichienne battait en retraite, et se lança imprudemment à sa poursuite. Il trouva au contraire toute l'armée de Giulay réunie à Magenta ; malgré le courage et la ténacité de nos soldats, nous aurions dû reculer après une défaite, si le général de Mac-Mahon, destiné à tourner l'armée ennemie, n'eût marché au canon et, par une habile manœuvre due à son initiative personnelle, tourné la gauche du corps autrichien, et assuré la victoire qui nous ouvrait la route de Milan. Tout le monde se souvint alors que Mac-Mahon désormais duc de Magenta et maréchal de France avait, comme le général Desaix à Marengo, changé en victoire glorieuse une bataille indécise jusque-là, et qui semblait perdue pour nous.

Nommé gouverneur général de l'Algérie, Mac-Mahon semblait n'avoir plus qu'à jouir de ses victoires.

Mais l'ère des batailles n'était pas close pour lui : il lui restait à livrer les plus terribles, et surtout les plus douloureuses à son cœur de Français.

A Reischoffen, écrasé par les masses formidables qui se précipitaient sur son petit corps d'armée, il se montra héroïque depuis la première heure, jusqu'à la dernière minute de ce combat de géants.

Nous arrivons à Sedan. Mais le nom de Sedan doit-il figurer dans la belle carrière militaire du Maréchal ? Les marches et contre-marches qui l'ont conduit à cette sinistre étape lui furent imposées par des ordres ; et l'on ne saurait, sans injustice, lui en imputer le résultat. Malgré son religieux respect de l'obéissance militaire, il avait d'abord résisté à ces combinaisons étranges, où les vues politiques avaient plus de part que les calculs stratégiques. Mais un stratagème qui ne fut dévoilé qu'au procès Bazaine, ne tarda pas à triompher de la loyale droiture du soldat, et l'armée se trouva, le matin du 1er septembre, sous les murs de Sedan (1).

Si tard qu'il fût pour réparer le temps perdu, le Maréchal *résolut, d'accord avec le général Ducrot,* d'échapper, par une prompte retraite sur Mézières et les places fortes du Nord, à l'enveloppement dont le menaçaient les armées allemandes. Il commençait ce mouvement, lorsqu'une grave blessure le mit hors de combat, et le força à confier le commandement de l'armée au général Ducrot. Depuis deux heures le nouveau commandant, confirmé dans ses pouvoirs par l'Empereur lui-même, était en train d'exécuter les manœuvres préparées la veille, lorsque tout à coup, le général de Wimpffen, arrivant de Paris, tire une lettre de sa poche et exige que le général Ducrot lui remette le commandement. Ducrot, voyant que l'Empereur hésite, se résigne à prendre les ordres du nouveau venu, qui ne connaît pas même le terrain sur lequel vont se jouer les destinées de la France!

Il était huit heures du matin... et c'est ainsi que débuta la bataille de Sedan. Qui donc oserait imposer au Maréchal la responsabilité de l'épouvantable désastre qui suivit un pareil début, et de la lugubre capitulation qui en fut la conséquence finale?

Emporté sanglant hors du champ de bataille, il tomba aux mains des Prussiens qui l'emmenèrent prisonnier. Libéré après cinq mois de captivité, il était appelé à Ver-

(1) Le sens militaire de Mac-Mahon résistait énergiquement à la marche sur Metz. L'armée de Châlons, rapprochée de Paris, pouvait livrer bataille avec les renforts qui lui seraient arrivés de toutes les provinces de France. C'était peut-être la patrie sauvée. Mais c'était aussi l'émeute triomphante à Paris. C'est alors que, pour vaincre les hésitations du maréchal, on commit le crime de la fausse dépêche à Mac-Mahon annonçant la sortie de Bazaine.

sailles, par M. Thiers, pour délivrer Paris, dont une émeute triomphante s'était emparée. Il s'agissait de reformer une armée avec des soldats vaincus et dispersés, dont la plupart sortaient des hôpitaux ou des prisons de l'Allemagne ; et, avec cette armée composée de débris, de reprendre par la force une ville disposant de toutes les ressources, et de tous les moyens de défense accumulés pour un siège formidable, une ville que les Prussiens, avec leur innombrable armée, avaient pu affamer après quatre mois de blocus, mais contre laquelle ils n'avaient pas même osé tenter un assaut.

Eh bien ! le Maréchal accepta cette tâche effrayante ; il la remplit à l'admiration de tous, et, six semaines plus tard, la France reprenait possession de sa capitale.

Puis, il se consacra tout entier à une autre tâche, plus douce au cœur d'un Français, mais colossale aussi : celle de reconstituer l'armée française après une pareille accumulation de désastres ; et, au bout de deux années d'un travail acharné, il pouvait la déployer au Bois de Boulogne, dans une revue triomphale, aux acclamations de la France entière.

Le pays pensa qu'un soldat qui lui avait rendu de pareils services pouvait lui en rendre encore, et, à une heure de crise nationale, on lui demanda d'accepter la présidence de la République. Il n'avait que dix minutes pour répondre, tant la crise était grave. Il accepta... parce qu'on lui dit qu'il y avait un danger et un devoir, et que jamais il ne reculait ni devant l'un ni devant l'autre.

« Malheureusement, il s'agissait de lutter sur un champ de bataille qu'il ne connaissait pas, et pour lequel il n'avait pas les aptitudes nécessaires. Ses qualités même étaient des obstacles, sur le siège où on l'avait fait asseoir et en face des adversaires qui l'entouraient.

« Il avait la droiture du soldat, et il était sans cesse aux prises avec les roueries des hommes politiques. Après avoir lutté, patienté et supporté par devoir, aussi longtemps qu'il le put et que sa conscience le lui permit, il descendit noblement du pouvoir, le jour où l'esprit révolutionnaire commença à attaquer la hiérarchie militaire, et où la Chambre allait le mettre en demeure d'ébranler la solidité de l'armée.

« Porter la main sur l'armée, c'était pour lui un crime de lèse-patrie.

« Ce jour-là, il descendit, pour n'y plus jamais remonter, l'escalier des fonctions publiques, et, en fait de présidence, il ne consentit désormais à accepter que celle de la Société de secours aux blessés de l'armée, parce que, dans ce poste d'honneur, il suffisait de laisser parler son cœur et d'ouvrir largement sa main.

« Assurément, sur le terrain politique, il était loin d'avoir la transcendante habileté du prince de Bismark, et, en eût-il été pourvu, que sa droiture et son cœur l'eussent empêché d'en faire le même usage.

« Néanmoins, malgré le peu d'aptitude et le peu de goût qu'il avait pour le pouvoir politique dans les conditions où il s'exerce aujourd'hui parmi nous, il a pu rendre encore quelques services à son pays sur ce siège vacillant de l'Elysée. »

A l'extérieur, il avait conquis la considération et le respect des souverains et des hommes d'Etat, et la France a, plus d'une fois, bénéficié des sentiments et des égards que les puissances étrangères avaient pour son Président, qu'elles traitaient comme un prince.

A l'intérieur, il donnait l'exemple de la noblesse, de la délicatesse et de la générosité dans tous les actes de la vie, comme homme public et comme homme privé. Bien loin d'être une charge pour le trésor, il lui faisait don des centaines de mille francs que la loi lui octroyait chaque année, pour frais de représentation et de voyage. C'est de sa bourse qu'il les payait, et il y ajoutait, pour les infortunes de toute nature et de tout rang, de tels bienfaits et de telles largesses, que les quatorze années écoulées depuis le jour de sa retraite n'en ont pas encore effacé le souvenir.

Dans nos jours de calculs, de parcimonie et d'égoïsme, il avait conservé les généreuses traditions des anciens jours. Le maréchal de Bassompierre disait : *A chaque campagne que j'ai faite j'ai été obligé de vendre une terre.*

Le maréchal Mac-Mahon pouvait dire : « *Chaque année de ma présidence m'a coûté une bonne part de mon patrimoine.* »

Nous ne parlerons pas de ses vertus domestiques, qui étaient au-dessus de tout éloge. L'ardente affection de tous les siens, les bénédictions de tout son entourage et les regrets unanimes qui ont éclaté partout, à la nouvelle de sa mort, en sont le plus éloquent témoignage.

Comme chrétien et comme descendant des pieux rois d'Irlande, il ne demandait pas et n'attendait pas ici-bas la récompense des devoirs qu'il remplissait avec tant de courage, et du bien qu'il faisait avec tant de cœur.

Dieu pourtant a voulu lui réserver, dès cette terre, une récompense exceptionnelle et inattendue, pour honorer à la face du soleil sa carrière de soldat, et la noblesse de son caractère.

« C'est une forteresse russe qui a mis sur son front la première auréole de la gloire.

« L'arrivée sur la terre française de ces nobles adversaires, devenus des amis, a illuminé son front d'un dernier rayon de joie.

« A l'heure où il mourait, les officiers russes entraient

à Paris, et la funèbre nouvelle leur étant parvenue sur le seuil de l'église russe, une parole de douloureuse et fraternelle sympathie s'est échappée de leurs lèvres, et une prière est montée de leurs cœurs pour ce glorieux vétéran de la grande famille des preux.

« Et aujourd'hui même, ces frères de Russie suivront sa noble dépouille dans le sanctuaire des braves, leurs mains déposeront sur son cercueil la couronne de l'honneur, de la vaillance et de l'amitié. »

II

Le maréchal n'a jamais reculé, toujours prêt, pendant sa longue carrière, à tous les dévouements; sa réputation d'intégrité est demeurée intacte et légendaire, comme celle de sa bravoure.

Envoyé au sacre du roi de Prusse pour représenter la France, il n'avait pas dépensé le crédit qui lui avait été alloué, bien qu'il eût fait grandement les choses ; il rapporta au Trésor la somme qui lui restait. On dit que l'employé qui reçut l'argent fut fort étonné de cette restitution.

C'est que, digne fils d'une de ces familles irlandaises qui ont conservé la foi au prix des plus durs sacrifices, le maréchal de Mac-Mahon était chrétien ; il l'était sans ostentation comme sans respect humain. Il n'appelait pas *ostentation* l'exemple qu'un chef doit à l'armée.

Toute sa vie, il a donné l'exemple de la pratique consciencieuse du devoir, envers Dieu comme envers la patrie. Les paroissiens de Sainte-Clotilde n'ont pas oublié notamment, un spectacle touchant qui édifiait chaque année les fidèles réunis le vendredi-saint, pour adorer la Croix du Sauveur. Suivant un usage local, les hommes viennent les premiers baiser l'image de Jésus crucifié. D'un commun, accord tous laissaient le maréchal s'avancer à leur tête et témoigner ainsi publiquement de sa foi.

Nos souvenirs personnels nous permettent de rappeler que, lorsque le maréchal commandait le corps d'armée de Lille, on connaissait la messe à laquelle il avait l'habitude d'assister le dimanche. Et cependant à cette époque, les « cléricaux » n'étaient pas bien vus à la cour impériale. Cela importait peu au maréchal, qui avait l'indépendance du gentilhomme. Il ne dissimulait nullement sa désapprobation de la politique révolutionnaire suivie à l'égard du Saint-Père ; et il déclarait à l'empereur lui-même, qu'il regrettait d'avoir manqué la visite de La Moricière revenant de Castelfidardo, et qu'il se félicitait d'avoir reçu celle de Changarnier.

Comme il avait vécu il est mort, donnant cette leçon de l'exemple, la plus douce et la plus salutaire :

« Le mardi 17, à sept heures et demie du matin, on fit mander le curé de la paroisse, qui accourut aussitôt. Le maréchal le reconnut et pressa sa main affectueusement. Alors tout le monde se retira, et le prêtre confessa une dernière fois le mourant ; puis il ouvrit la porte, et la maréchale rentra, suivie de sa famille et des serviteurs, pour assister à la cérémonie de l'extrême-onction.

Ce fut une scène des plus touchantes. Le maréchal avait encore toute sa lucidité d'esprit, et suivait avec recueillement les prières qui accompagnent l'administration des saintes huiles. Cependant la chambre était pleine de sanglots étouffés, et les serviteurs pleuraient à chaudes larmes, ce maître si bon et si prévenant pour tous.

Le maréchal eut encore la force de presser la main de chacun de ceux qui l'entouraient. Jamais soldat ne vit venir la mort avec plus de calme.

L'agonie fut douce, le malade s'en allait graduellement, sans secousses ; la respiration devenait plus lente, plus rare, et enfin, à dix heures, elle cessa tout à fait.

La maréchale, qui était à genoux, se leva, contenant sa douleur, ferma les yeux du maréchal et lui donna le dernier baiser.

Un peu après on disposa la chambre mortuaire, et l'on permit à la foule accourue de tous côtés, de rendre un dernier hommage au vaillant soldat qui venait de mourir.

Le corps était étendu, les bras le long du corps, sur le lit tout blanc ; sur la poitrine, un crucifix. Au chevet du lit, une table recouverte d'une nappe blanche, avec l'eau bénite et une branche de buis, une croix avec incrustations de nacre, un chapelet d'ivoire et deux flambeaux allumés. Au pied du lit, un prie-Dieu que la maréchale ne quittait guère.

Aucun apparat dans ce spectacle de la mort. Ni armes, ni uniforme, ni décorations. Rien que le souvenir de la mort chrétienne. Cette touchante simplicité impressionne d'autant plus la foule, et elle contemple, émue et recueillie, les traits immobiles du héros. Sa physionomie a conservé dans la mort son expression noble, énergique et douce en même temps.

Le maréchal était adoré dans le pays. Il connaissait tout le monde, et chacun avait à cœur de lui témoigner d'une façon quelconque, son attachement et son respect. Tous comprennent que la France a perdu un de ses plus braves et fidèles serviteurs.

Madame la duchesse de Magenta a reçu du duc Macdonald de Tarente, dont la Muse ne s'inspire que du plus pur patriotisme, les vers suivants :

MAC-MAHON

Il est beau de mourir, quand on laisse une vie
Pleine d'illustres jours, et de regrets suivie ;
Quand on a pour veiller auprès de son cercueil
L'Europe recueillie et la patrie en deuil !

Il est beau de mourir, lorsque les Invalides
Faisant serrer leurs morts sous leurs voûtes splendides,
A votre aspect vainqueur ouvrent leur panthéon
Et le porche de gloire où dort Napoléon, —
Tandis que les canons, de leurs voix souveraines,
Annoncent un héros aux anciens capitaines !

Il est beau quand on meurt, de voir sur son tombeau
Dans un suprême adieu s'incliner le drapeau,
De lire dans ses plis une ardente victoire
Dont le nom fut depuis votre titre de gloire,
Et de garder l'honneur même en étant vaincu !
C'est ainsi que tu meurs ayant ainsi vécu.

Macdonald, duc de Tarente

Mac-Mahon est mort au milieu de l'enthousiasme excité par la visite des Russes ; la disparition du maréchal n'en a pas moins produit une impression profonde. Ses obsèques ont eu ce caractère de foi patriotique et de suprême vénération, dont le spectacle public est si rare aujourd'hui. Les funérailles nationales ont été partout reproduites par la plume et le pinceau ; c'est le souvenir de l'effet moral produit par la coïncidence providentielle du vainqueur de Malakoff, honoré si spontanément par ses glorieux vaincus, que nous voulons relever en quelques mots.

Il y a quelque chose de changé en France depuis ces

huit jours, dirons-nous en reproduisant la pensée générale de la presse :

« Le passage à travers Paris du cercueil de Mac-Mahon, avec un cortège d'officiers russes, avec une délégation de l'armée italienne, avec des représentants de toutes les armées du monde et avec la grande couronne timbrée d'un W et envoyée par l'empereur d'Allemagne, a marqué, pour ainsi dire, notre réintégration définitive, à titre d'égaux, dans le groupe européen.

Nous avons repris confiance en nous-même, en voyant qu'un grand peuple avait confiance en nous.

On peut ajouter qu'il y a aussi quelque chose de changé en Europe ; et que les étrangers considèrent la France, appuyée sur la Russie, autrement qu'ils ne la considéraient quand ils la croyaient vouée à l'isolement.

Voilà le cadeau que nous ont apporté les officiers russes, et il est assez considérable pour justifier l'enthousiasme de notre reconnaissance.

Mais ils nous ont apporté autre chose. Et cette autre chose doit figurer dans le chapitre « Intérieur », qui me paraît avoir été négligé, jusqu'ici, par messieurs les philosophes de la presse quotidienne.

Cette autre chose, si on veut bien me permettre de l'appeler ainsi, c'est une conversion de nos maîtres les républicains, à des principes que nous autres, monarchistes ou conservateurs, comme on voudra, nous défendons depuis bien des années avec plus de persistance que de succès, et plus de courage que de bonheur. Et, cette conversion, ils l'ont accomplie simplement en se montrant.

Enumérons quelques-unes de ses phases :

D'abord, en se rendant au *Te Deum* de la chapelle russe, dès leur arrivée à Paris, ils nous ont appris que les peuples civilisés, dans la joie comme dans la douleur, doivent avant tout leurs hommages à la Divinité.

Cette leçon, qu'ils ont renforcée par leur visite au cardinal Richard, volontairement oublié, sans motif et sans convenance, dans les invitations officielles, portera ses fruits, nous en sommes sûrs.

Ensuite ils ont rendu, par le seul fait de leur apparition, à leurs frères d'armes de l'armée française, la place que nous nous obstinons depuis si longtemps à réclamer pour eux parmi nous : la première.

Aux obsèques de dimanche, l'armée était maîtresse du pavé. Au carrousel de lundi, rien ne peut rendre la curiosité et la sympathie qui accueillaient, à leur arrivée, les grands chefs avec leurs chapeaux garnis de plumes blanches, leurs dorures et leur grand cordon.

Le soir, au banquet, dès qu'apparaissait une grosse épaulette, on applaudissait.

An gala de l'Opéra, les scintillements des uniformes, les flamboiements des grands cordons arrachaient à tous le même cri : « Dieu, que c'est beau ! » Et toute la salle se tournait avec attendrissement vers la tête blanche du survivant de nos grandes guerres : vers Canrobert, que nous contemplions tous remués jusqu'au fond de l'âme, comme un ancêtre auguste et chéri ; cherchant sur son front les reflets de toutes les flammes guerrières qui l'ont illuminé.

Depuis huit jours, l'épaulette est reine en France.

... Les officiers russes nous ont appris encore autre chose qui nous manque depuis tantôt un quart de siècle : ils nous ont convertis au *respect*. Tous ces toasts au Tzar, marquent la fin de l'école de la vocifération et de l'injure.

Au banquet du Champ de Mars, je regardais les deux

cent cinquante convives de la table d'honneur et je me disais :

— Mon Dieu, que c'est drôle! Si on faisait sortir de cette table tous ceux qui ont applaudi au coup de pistolet de Berezowski et à la tentative d'Hartmann, combien en resterait-il?

Et Ranc, qui présidait, levait son verre en criant : « Vive le Tzar! vive la Russie! »

Les journaux n'ont enregistré que le second de ces deux cris, mais j'ai parfaitement entendu le premier.

Et tous les anciens complices moraux des nihilistes, levaient aussi leur verre en l'honneur du Tsar, avec l'enthousiasme de loyaux et fidèles sujets.

Si la France avait eu un Tsar, ils les auraient brisés, ces verres, comme marque suprême d'enthousiasme.

Notez bien que je ne leur reproche pas leur palinodie, loin de là ! Je ne la constate que pour les en féliciter.

Ils s'expliquent en disant que c'est pour le bien du pays! Ils ont raison. Mais nous, quand nous acclamons des princes qui ne sont pas russes, est-ce que nous avons d'autres motifs que le bien du pays?

... Donc, voilà quelques-unes des bonnes choses que nous ont apportées les Russes. Ils nous ont rendu la confiance. Ils nous ont inspiré l'horreur des assassins et le respect, ils nous ont parlé de Dieu... c'est beaucoup de donner à la fois toutes ces grandes leçons; nous ne saurions les oublier! Elles contribueront éternellement, nous en formons le vœu, à la gloire de Mac-Mahon. »

CHAPITRE XV

La Foi.

ICÔNES ET DRAPEAU

« Tous les peuples vraiment grands ont été des peuples religieux. » La France catholique souffrira-t-elle longtemps que ses voisins, séparés encore de l'*Unité de l'Eglise,* lui donnent l'exemple, à elle que l'on a surnommée le Soldat du Christ?

I

Le vainqueur de Waterloo, duc de Wellington, se leva un jour dans la Chambre des Lords pour réclamer la liberté des soldats catholiques.

« Milords, s'écria-t-il avec un noble élan, vous avez
« entouré ma tête de glorieux lauriers ; mais n'oubliez
« pas que c'est surtout à la bravoure des soldats catho-
« liques que je dois mes victoires. »

La Chambre protestante fut sensible à ces paroles sorties du cœur d'un illustre vétéran ; c'est de ce moment que date le bon traitement dont les soldats catholiques sont l'objet.

En Angleterre, les soldats catholiques sont conduits à

« Dieu te donna, France chérie,
Jeanne, et Marguerite-Marie ! »

15. — IIe S.

la Messe le dimanche, en grand uniforme mais sans armes; ils passent avant le départ devant l'inspecteur qui examine s'ils ont une tenue irréprochable et le Livre de Messe; ce livre leur est fourni gratuitement. Sur la reliure sont les armes royales, à la première page le numéro du soldat et le nom du régiment.

Le *Livre du soldat* (official Copy) contient un chapitre intitulé: *Conseils aux soldats chrétiens*. Il commence ainsi :

« Votre profession, soldats, est considérée à juste titre comme une profession noble et distinguée. Vous devez défendre votre pays à l'heure du danger et protéger les faibles injustement attaqués. Mais votre bravoure contre les ennemis du dehors ne doit pas aller sans votre bravoure contre les ennemis du dedans.

« Gustave Adolphe avait l'habitude de répéter : « Les meilleurs chrétiens font les meilleurs soldats. » Les ennemis du dehors vous seront désignés par vos chefs, à l'heure des combats. Voici vos ennemis du dedans: L'inconduite, l'ivrognerie, le respect humain, le blasphème, la paresse. »

Sous chacun de ces mots, se trouvent des avis pratiques dans un style énergique et clair comme il convient à des soldats.

Plusieurs règles de bonne conduite chrétienne sont spécialement indiquées; nous les abrégeons:

1° Au réveil, donnez votre cœur à Dieu.

2° Prière matin et soir, au moins couché si vous ne le pouvez debout.

3° Si vous passez devant une église, entrez-y, ne fût-ce qu'un instant.

4° Avant les repas, remerciez Dieu de cœur.

5° Ne vous endormez jamais sans prier, car cette nuit peut être *la dernière*.

6° Entendez la Messe tous les dimanches.

7° Communiez aux fêtes.

8° Offrez à Dieu votre travail.

9° Obéissez à vos officiers avec respect et bonne grâce *comme à Dieu*.

10° Si vous avez péché, recourez au Sacrement de Pénitence.

11° Ayez grande confiance au Sacré-Cœur, à la Sainte Vierge, à saint Michel, prince des anges.

12° Si vous êtes sérieusement malade, appelez le prêtre.

13° Pensez souvent à soulager les âmes du Purgatoire.

14° Portez quelque objet pieux sous votre uniforme.

Les soldats catholiques sont plus de 40.000 dans l'armée anglaise protestante ; ils ont des aumôniers, lesquels, selon leur degré, ont le *rang* et la *paie* de colonel, de lieutenant-colonel, de major ou de capitaine, avec une large pension de retraite.

A propos de l'objet pieux dont le port est ici conseillé au soldat, nous citerons deux faits récents ; ils font grand honneur à la foi et même à l'*esprit* du peuple français.

Un pauvre balayeur des rues de Paris, plus indépendant dans sa noblesse de caractère que ceux qui l'emploient, portait un scapulaire et une très petite croix sur la poitrine. Il faisait du reste consciencieusement son métier et n'épargnait ni ses sueurs ni sa peine. Les compagnons, jaloux peut-être de la bienveillance que les surveillants témoignaient au balayeur, animés peut-être par la haine de la religion, ayant un jour aperçu le scapulaire et la croix sous la chemise entr'ouverte du chrétien, l'accablèrent de moqueries et le menacèrent de le dénoncer comme *clérical*. Sans se déconcerter, le balayeur continua sa besogne, et n'en montra pas moins la franche gaieté parisienne ; mais ôtant les manches de sa chemise, il répondit en riant : « Puisque cela vous fait plaisir, mettons la croix sur nos épaules, » et il retourna la sainte image en ajoutant : « C'est ma plaque de *bon* ouvrier. » Dès ce jour-là il fut non seulement respecté, mais aimé et secouru par ses camarades qui estimaient son caractère.

Le second trait a été cité dans un *tout petit livre*, destiné au soldat et dont on ne saurait assez conseiller la lecture (1), puis dans l'almanach de la Propagation de la Foi (1895).

C'était à Libreville, au Gabon, dans cette mission nouvelle insuffisamment pourvue des choses qui semblent les plus nécessaires, telles que linge et vêtements. Mgr Le Roy, vicaire apostolique, a fondé là une école professionnelle pour les jeunes Pahouins, fils d'anthropophages, et la plupart baptisés déjà ou sur le point de l'être.

L'économe de la mission, monté sur sa pirogue, simple canot taillé dans un tronc colossal de cinquante mètres, avait emmené une vingtaine de jeunes gens pour embarquer les caisses. L'un d'eux, au plus fort de la besogne, est abordé par un officier qui, éclatant de rire, l'interpelle brusquement avec dédain :

— Dis donc, moricaud, qu'est-ce que ce petit carré qui pend à ton cou ?

— Ça, Monsieur l'officier, c'est scapulaire.

— Ah ! scapulaire !... Qu'est-ce que ça peut vouloir dire ?

— Et toi, Monsieur l'officier, qu'est-ce que ce bout de ruban en travers sur ta manche ?

— Ça, mon malin, ce sont mes *galons*.

---

(1) *Livre de poche du soldat.* Ce charmant recueil d'histoires toutes militaires vient de paraître et se vend 0,35 centimes.

— Bon! *galons* pour toi, ça veut dire: je suis officier, et *scapulaire* pour moi, ça veut dire: je suis chrétien, catholique et soldat de la Sainte Vierge. A nous deux, *chacun son signe.*

Le *Monsieur officier* se tut, d'autant plus que les autres du bord s'étaient joints à tous les moricauds pour rire; mais en homme d'esprit, et peut-être en chrétien timide qu'il était, il répondit gaiement:

— Eh bien! tu es un lapin! Et il donna une pièce à l'enfant.

Donc, conclut l'auteur du récit, la lâcheté ne vaut rien, n'a jamais rien valu et ne vaudra jamais rien.

II

Nous avons raconté dans la *première série* de cet ouvrage, la prière du soir sur la flotte russe, et l'exemple donné aux représentants de notre gouvernement actuel, lesquels ont été contraints de s'unir tant bien que mal à la prière.

Nos alliés nous ont encore appris une chose fort ignorée de nos illustres présidents et ministres: Dans sa visite au cardinal Richard, archevêque de Paris, l'amiral Avellan a de nouveau témoigné au saint prélat la reconnaissance du Czar, pour la bienveillance avec laquelle les bannières russes prises à Eupatoria avaient été remises à son souverain.

Peut-être ne connait-on pas ce fait significatif:

Pendant l'Exposition de 1889, des Russes visitant le trésor de Notre-Dame, remarquèrent deux bannières enlevées à Eupatoria dans la guerre de Crimée. Sur le désir exprimé par le gouvernement russe, l'archevêque de Paris fut heureux de rendre ces trophées à la nation amie. »

On s'est demandé comment ces bannières, qui sont des emblèmes religieux, avaient pu tomber entre les mains de nos soldats sur le champ de bataille.

Voici l'explication : elle nous a été fournie par un officier de l'état-major de l'amiral Avellan.

« En Russie, nous dit cet officier, chaque régiment a un drapeau militaire et une bannière religieuse.

« Le drapeau militaire figure dans les parades et les manœuvres, en temps de paix ; mais, en temps de guerre, on ne déploie que la bannière des icônes.

« Comment voulez-vous, disait dans le salon de l'archevêché un des officiers russes à un des vicaires généraux, qui lui demandait l'explication de ces bannières, comment voulez-vous demander à des hommes de se faire tuer sans être soutenus par un sentiment religieux ? »

Les deux images rendues par Mgr l'archevêque de Paris, avaient été prises sur les Russes en 1855, à la suite de l'occupation d'Eupatoria par l'armée anglo-française. Elles avaient été données ensuite par l'empereur Napoléon à Notre-Dame, en même temps qu'une cloche prise à Sébastopol, et la croix de fer d'une des églises de la ville.

En 1889, des personnages russes venus à l'Exposition remarquèrent les bannières d'Eupatoria déposées dans le trésor de Notre-Dame. A leur retour, ils prévinrent leur gouvernement.

Le Tsar prit l'affaire en mains. Il fit demander en 1891, à S. E. le cardinal Richard, par son ambassadeur, M. de Mohrenheim, de vouloir bien lui faire remettre à titre gracieux, ces deux pièces du trésor de la cathédrale.

Mgr l'archevêque de Paris convoqua à cet effet le chapitre de Notre-Dame, qui accéda volontiers à la demande du souverain.

C'est ainsi que les bannières d'Eupatoria sont revenues à la Russie.

III

Tandis que nos alliés « ne déploient en temps de guerre que la bannière des *icônes* (1), » les soi-disant esprits forts de nos jours se rient des emblèmes religieux. Ils voudraient cette religion vague, qui ne gêne ni les erreurs de l'intelligence ni les écarts de la conduite; quelques-uns des plus tolérants admettent un Dieu (c'est bien le moins pour ne pas tomber dans l'absurde!); mais que Jésus-Christ Notre Seigneur soit en même temps et le Sauveur qui nous a rachetés, et l'homme qu'il nous faut prendre pour modèle, et le Dieu souverain qui exige le service de sa créature et qui jugera *tous les hommes,* c'est ce qui leur semble intolérable. Ils répètent sinon de bouche, au moins de fait : « Nous ne voulons pas que celui-ci règne sur nous. » Et cependant *il faut qu'Il règne! Et Il règnera et son Règne n'aura pas de fin!*

« Ne dites pas avec un philosophe contemporain : « La sainteté est un idéal qu'on peut rêver, mais elle n'est

---

(1) Le mot *icône* signifie *image;* la principale des icônes russes est l'image de la Très Sainte Vierge !

pas plus accessible à l'homme que la béatitude. » Ce qui a été fait (ce qui se fait tous les jours) est possible ; or, la sainteté est un fait que les siècles chrétiens ont vu maintes fois se produire. Nos catalogues et nos livres hagiographiques, où sont inscrits des milliers de noms, ne contiennent que les cadres de cette immense armée d'hommes comme vous, que l'influence du dogme catholique a élevés jusqu'au sommet de la perfection... L'héroïsme de leurs vertus, les merveilles qu'ils ont opérées, l'émulation qu'ils entretiennent pour la pratique du bien, les honneurs que leur rendent les croyants, et que ne peuvent leur refuser les honnêtes gens, qui savent apprécier les nobles caractères et les grands cœurs, n'est-ce pas le plus glorieux acte de foi qui puisse retentir ici-bas en l'honneur de notre divine doctrine?

« *Il faut que le Christ règne.* Ne croyez pas qu'on l'en empêche, parce qu'on imaginera des lois égalitaires propres à tarir les sources de l'apostolat. Dieu saura bien prémunir les âmes vaillantes que l'on espère affaiblir et corrompre ; et peut-être que, fortifiées et aguerries par l'épreuve, elles ne seront que plus ardentes aux combats spirituels, qui doivent soumettre les peuples infidèles au joug adoré du Christ, car « *il faut qu'Il règne!* »

« *Il faut qu'Il règne* et que tous ses ennemis soient à ses pieds, » par conséquent, que la science, qui lui fait la guerre, abaisse devant lui son orgueil et se pénètre de la vérité de ses révélations ; que les législations et les pouvoirs, qui ont contrarié son action, reconnaissent la supériorité de sa foi et de sa puissance ; que les âmes fermées par les passions s'ouvrent à sa grâce, car « *il faut qu'Il règne!* »

« Le Verbe incarné pour qui tout a été fait, prendra un jour définitivement possession de son universel héritage : roi d'amour et d'éternelle félicité pour ceux qui se seront soumis à son empire, roi de justice et d'éternel malheur pour les révoltés qui l'auront méconnu et répudié. »

(R. P. FÉLIX.)

Il veut donc régner, mais régner *par amour ;* il veut régner sur la France, il veut régner sur l'armée qui en est un des soutiens, et il veut un signe de ce règne, il veut un *drapeau !*

La France semblait perdue : déchirée par les guerres civiles, trahie par la fortune des armes, envahie par l'étranger, livrée à ses ennemis par une reine coupable et un roi en démence, elle allait disparaître de la scène!

Mais Dieu se souvient de son peuple, il suscite une héroïne, une Lorraine et une sainte, Jeanne d'Arc, que l'on a si bien nommée « le Chevalier des Chevaliers. »

« Sache un chacun, dit un grand magistrat du temps, que Dieu a montré et montre un chacun jour qu'il a aimé et aime le royaume de France, et qu'il l'a spécialement élu pour son héritage et pour par le moyen de lui, entretenir la sainte Foi catholique et la remettre sus (la relever). Et pour ce, Dieu ne veut pas la laisser perdre. Mais de tous les signes d'amour qu'il a envoyés au royaume de France, il n'y en a pas un de si grand, ni de si merveilleux comme celui de la Pucelle. »

Or, à Jeanne, notre libératrice, Dieu donne une bannière sur laquelle, avec l'image du Sauveur et de sa Mère, brillent ces mots « naïfs et triomphants : *Jesus, Maria !* Elle marche ainsi à la tête des bataillons qu'elle entraîne, et « *en son Dieu* » les mène à la victoire ! »

« Etonnante prédilection du Seigneur pour son peuple de France ! Quand tout est désespéré, lui-même daigne intervenir ! »

Trois siècles plus tard, un ennemi plus redoutable que

les Anglais menaçait la France : l'incrédulité s'incarnait dans la personne de Voltaire, tandis que le froid jansénisme, sous couvert de religion, menaçait d'éteindre dans les cœurs les flammes de la véritable piété. S'inspirant du malheureux esprit de critique, esprit essentiellement vulgaire, il poussa la plaisanterie jusqu'au blasphème, le rire jusqu'au sarcasme... il osa attaquer Jeanne d'Arc et tenta de livrer la France à la Prusse !...

Les disciples de Voltaire essaient encore d'ébranler la société. Les ignorants et les incrédules acceptent la pernicieuse doctrine comme monnaie courante ; la France pouvait perdre la foi ; mais Dieu manifeste de nouveau son infinie miséricorde, et la France est encore une fois le théâtre, le témoin et le premier objet des manifestations de son amour.

Le 16 juin 1675, une humble Bourguignonne, religieuse de la Visitation Sainte-Marie, à Paray-le-Monial, reçoit dans la prière les effusions miraculeuses du *Sacré-Cœur*.

Le Cœur de Jésus, dans des apparitions successives, redit à la sainte « l'amour de son Cœur pour les hommes, amour dont il ne peut contenir les flammes. » Il se plaint de l'ingratitude de ses créatures, assurant que cette froideur lui est plus sensible que toutes les souffrances de sa Passion... il lui demande de *réparer* autant que possible tous les outrages dont il est abreuvé, par la *Communion du premier vendredi de chaque mois*.

Et comme il sait que l'homme a besoin d'être attiré par son propre intérêt, Jésus fait à Marguerite-Marie cette consolante promesse : « A tous ceux qui communieront neuf premiers vendredis du mois, tout de suite, je donnerai la grâce de la pénitence finale ; ils ne mourront point en ma disgrâce ni sans recevoir les sacrements, mon Divin Cœur se rendra leur asile assuré en ce dernier moment. »

Les promesses se multiplient en faveur des chrétiens dévoués au culte du Sacré-Cœur.

Ce n'était là que la moindre partie de l'intervention du Cœur de Jésus en faveur de la France. A la nation tout entière, il veut témoigner la prédilection de son amour. Avant de terminer sa mission, l'apôtre du Sacré-Cœur avait un dernier message à remplir... Notre-Seigneur la chargea de faire savoir au roi Louis XIV, qu'il nomma « le Fils aîné de son Sacré-Cœur » qu'il voulait établir le règne de son divin Cœur dans celui du grand monarque et dans son palais... *être peint sur les étendards* et gravé sur les armes pour les rendre victorieuses... Enfin il voulait *un édifice* où l'image du Sacré-Cœur serait exposée aux hommages « de tout l'univers. »

Ce temple, il est élevé... la France *pénitente* s'est *dévouée* au Sacré-Cœur ; des milliers de pèlerins montent chaque jour au sanctuaire de Montmartre. Du haut de son autel privilégié, le *Dieu qui aime les Francs* semble attirer tous les hommes dans son Cœur adorable et redire encore :

« Ne crains rien, je règnerai malgré mes ennemis et tous ceux qui s'y voudront opposer.

« Mon Sacré-Cœur règnera *malgré Satan* et tous ceux qu'il suscite à s'y opposer. »

Seigneur Jésus, recevez notre serment, notre ex-voto national, et hâtez l'accomplissement de vos promesses :

> Jésus, notre unique espérance,
> Nous, vos sujets, nous proclamons vos droits :
> Régnez sur nous, régnez en France,
> Par votre Cœur, sous votre Croix
> Vivra la France !

TABLE DES MATIÈRES

PREMIÈRE PARTIE

L'Eglise et le Soldat.

		Pages.
Chapitre Ier.	— Nouveau chapitre d'Histoire de France. — Le 17 octobre 1893	5
— II.	— La Trêve de Dieu. — La Chevalerie	13
— III.	— Ordres religieux militaires	29
— IV.	— Les Gendarmes, chevaliers de la paix. — Les Pompiers, héros du dévouement	47
— V.	— Vaincus et Prisonniers	57
— VI.	— La Rédemption des Captifs	69
— VII.	— Notre-Dame de la Merci	79

DEUXIÈME PARTIE

Mission du Soldat Français.

Chapitre VIII.	— Où est le Drapeau, là est la France. — Le drapeau en Afrique	99
— IX.	— Le Drapeau en Asie	121
— X.	— Le Drapeau au Nouveau-Monde	138
— XI.	— Résister et agir	148
— XII.	— Les exemples	157
— XIII.	— Plus heureux !	196
— XIV.	— Patriote et soldat. — Mac-Mahon	210
— XV.	— La Foi. — Icônes et Drapeau	224

Abbeville, imp. C. Paillart, Editeur des Brochures illustrées, de Propagande catholique.

www.ingramcontent.com/pod-product-compliance
Lightning Source LLC
Chambersburg PA
CBHW071942160426
43198CB00011B/1513